Европа и человечество

欧洲与人类

［俄］尼·谢·特鲁别茨柯依 ◆ 著

祖春明 ◆ 译

西苑出版社
XIYUAN PUBLISHING HOUSE

·北京·

图书在版编目（CIP）数据

欧洲与人类 ／（俄罗斯）尼·谢·特鲁别茨柯依著；
祖春明译. —— 北京：西苑出版社，2023.10
ISBN 978-7-5151-0858-2

Ⅰ.①欧… Ⅱ.①尼… ②祖… Ⅲ.①哲学－俄罗斯
－文集 Ⅳ.①B512-53

中国国家版本馆CIP数据核字(2023)第035380号

欧洲与人类
OUZHOU YU RENLEI

作　　者	[俄]尼·谢·特鲁别茨柯依
译　　者	祖春明
责任编辑	苏泓睿 辛小雪
责任校对	杨　超
责任印制	李仕杰
策　　划	苏泓睿 赵　晖
开　　本	880毫米×1230毫米　1/32
印　　张	8.25
字　　数	121千字
版　　次	2023年10月第1版
印　　次	2023年10月第1次印刷
印　　刷	三河市嘉科万达彩色印刷有限公司
书　　号	ISBN 978-7-5151-0858-2
定　　价	76.00元

出版发行　西苑出版社有限公司 北京市朝阳区利泽东二路3号　邮编：100102
发 行 部　(010) 84254364
编 辑 部　(010) 64210080
总 编 室　(010) 88636419
电子邮箱　xiyuanpub@163.com
法律顾问　北京同清律师事务所 13001187977

序

    19 世纪 30 年代到 20 世纪 50 年代，是俄罗斯思想史最辉煌的时期，群星璀璨，百家争鸣，新思想不断涌现，令人目不暇接。除了革命民主主义、西欧主义、斯拉夫主义、民粹主义以及俄罗斯马克思主义这些我国学术界长期关注的热点，20 世纪 90 年代苏联解体后，白银时代俄罗斯宗教哲学成为俄罗斯研究的焦点问题，大量相关著作被翻译出版，其思想得到我国学术界高度评价。这些思想和理论当然具有重要价值，它们得到学术界重视这一事实就是对其价值的很好证明。不过站在今天的角度看，有一种思潮我们常常提及但一直缺少认真研究，令人遗憾，它就是欧亚主义。

    欧亚主义是十月革命后在流亡海外的俄国侨民中兴起并流行的一种社会政治思潮。1921 年，一本名为《回归东方·预言与现实·欧亚主义者的主张》的文集在保加利亚首都索非亚出版，标志着欧亚主义的诞生。此后大量相关著作问世，在侨民中引起激烈争论，到20世纪30年代中期，争论之声趋于沉寂，作为一种学说或思潮，欧亚主义不复存在。欧亚主义的理论焦点是俄罗斯的发展道路问题。其实这也是自19世纪二三十年代，以"十二月党人起义"和斯拉夫派与西欧派的争论兴起为标志的俄罗斯民族自我意识觉醒以来，知识分子在一个世纪中不懈探索的中心问题。俄罗斯原本是纯粹的欧洲国家，但它地处欧洲东端，公元10世纪接受东正教，深受带有东方色彩的拜占庭文化的影响。13世纪蒙古人占领俄罗斯，随后实行了长达200多年的统治，俄罗斯吸收了大量亚洲元素，其思想观念、国家制度中的东方色彩愈加浓厚。1582年俄罗斯人越过乌拉尔山进入亚洲，在不到100年的时间里不断向东扩张，直到占领地处北美洲的阿拉斯加，俄罗斯成为横跨几洲的大国，而且大部分领土处于亚洲。在这样一个国家，俄罗斯沙皇彼得一世于18世纪初发动自上而下的改革，用强制手段把俄罗斯推上了西方化的道路，在此后长达一个多世纪的时间里大量西方文化涌入俄罗斯。此举不可避免地引发了东西方文化在俄罗斯的激烈冲突。俄罗斯向何处去？东方还是西方？这成为数百年来困扰俄罗斯人，并使之寝食难安、引发分歧与对立从而争论不断的基本问题。自帝国时期以来，俄罗斯的国徽便是一只手握权杖、脚踏地球、左右张望的双头鹰。文化上兼具东西方特征，精神上被向东还是向西的问题撕裂，这在国徽上得到形象的体现。俄罗斯向何处去的问题贯穿 19 世纪以来俄罗斯文化与政治发展的全部历史，在"十二月党人"运动、西欧派与斯拉夫派的争论、民粹主义理论以及马克思主义者的实践中，尤其是在陀思妥耶夫斯基与托尔斯泰等人的文学创作中，在 19 世纪 70 年代问世的俄罗斯哲学论著中，包括在 20 世纪初兴起的作为俄罗斯民族骄傲的"白银时代俄罗斯宗教哲学"中，都有生动体现和深刻分析。欧亚主义聚焦俄罗斯发展道路问题，势在必然，不足为奇。它只是 100 多年来俄罗斯文化与社会发展长河中的一朵浪花。既然如此，产生于 20 世纪 20 年代初，存在了不到 20 年的欧亚主义，为什么今天值得我们关注？这与欧亚主义的特点有关。

欧亚主义与俄罗斯其他社会历史理论一样，集中思考俄罗斯的发展道路问题，关注俄罗斯与东方、西方世界的关系，而且与其他理论一样认为俄罗斯对于人类负有特殊的历史使命。不同之处在于，它产生于第一次世界大战之后，在欧亚主义者看来，这次战争标志着欧洲文化的死亡，因而欧亚主义表现出对西方文化的强烈拒斥。更重要的是，欧亚主义对俄罗斯和欧洲各自的特点做了深入分析，以此作为其全部理论的基础。关于俄罗斯，它强调俄罗斯是一个特殊的国家，其自身把东方因素与西方因素有机地结合起来了。俄罗斯所处的地理空间既不是欧洲，也不是亚洲，而是"欧亚洲"。地理环境、气候、生物种类等方面的特点构成俄罗斯各民族经济、政治生活的基础，形成特殊的自然联系和社会联系，形成各民族在历史、文化、心理、宗教观点、情感、语言方面的共同性以及牢固的政治联系。这种综合考虑地理、历史联系并把俄罗斯作为统一的欧亚国家的观点，是欧亚主义为俄罗斯社会研究提供的独特角度，使人们能够对其过去、现在与未来做出新的思考。至于欧洲，欧亚主义并不否认其文化的价值，但是反对赋予它适合于全人类的

普遍意义。尼·谢·特鲁别茨柯依认为：第一，没有
客观证据可以证明欧洲罗马－日耳曼文化优于其他
文化；第二，一个民族不可能完全接受另一个民族创
造的文化；第三，一个民族即使能够融入其他民族的
文化中，这对它也不是善，而是恶。基于这样的认识，
欧亚主义者对把俄罗斯强行推上欧洲化道路的彼得大
帝提出强烈批评，同时他们又与同样批评彼得改革的
斯拉夫派有所不同。他们认为斯拉夫各民族事实上没
有共同的人类学的、心理学的基础，没有共同的斯拉
夫文化。基辅罗斯只是欧亚各民族，也即俄罗斯各民
族文化的摇篮，真正作为整体的俄罗斯欧亚文化，是
在成吉思汗帝国统治时期首次呈现出来的。成吉思汗
使欧洲和亚洲各民族在地理、种族、经济、政治上统
一起来，形成由他领导的国家体系。蒙古人的帝国解
体后，俄罗斯本能地不断努力恢复这种统一，希望成
为成吉思汗遗产的继承人。

这样的思想的确为认识俄罗斯的历史与未来提供
了独特的视角。欧亚主义者认为俄罗斯兼有东西方的
特点，因而对东西方文化都做了肯定。但是按他们自
己的说法，其特点主要是"从东方看"，突出俄罗斯

文化的东方色彩，警惕、批判、拒斥西方的扩张。他们把西方文明以人类普遍价值自居的傲慢做法，视为对世界其他民族的侵略，是一种殖民主义。他们认为罗马－日耳曼人把俄罗斯看作潜在的殖民地，俄罗斯走西方化的道路只能使自己事实上沦为欧洲文明的殖民地。他们提出："领导自己的亚洲兄弟们共同反对罗马－日耳曼人和欧洲文明，只有这场斗争的胜利，才是拯救俄罗斯的唯一希望。"由此出发，欧亚主义者对国家主义、集体对个人的优先地位，甚至强制对社会施以意识形态做了正面评价。因为这些是与俄罗斯文化中的欧亚主义特征，与它的东方性相吻合的，是有客观合理性的。遵循这一思想，部分欧亚主义者认为布尔什维克政权，即强有力的国家体系是合理的，不能简单否定。这一结论是许多俄罗斯侨民完全不能接受的。

欧亚主义很快销声匿迹，说明它并不是改造俄罗斯的现实方案，但是不能由此否认它的价值。相反，在今天，现实生活一次又一次地提示我们，有必要认真回顾这一社会思潮。欧亚主义是纯粹由概念分析和逻辑思维建立起来的思想或学说，本身就不是实践方案，也正因为如此，它能穿透实际生活的层层迷雾，抓住问题的本质，表现出巨大的解释能力，给人们以重要启示。

从上面的阐述可以看出，欧亚主义的基本思想是：文化不能照搬，俄罗斯社会发展一定要从俄罗斯文化的特殊性出发；地理和历史使然，横跨欧亚两洲的俄罗斯内在地把东西方文化结合起来，形成俄罗斯文化的特点，其中蒙古人统治带来的亚洲文化因素更为重要；不能全盘接受欧洲文化，那将使俄罗斯沦为欧洲文明的殖民地。怎样评判这些思想有待讨论，我本人认为它并非无懈可击，相反，可以商榷之处甚多。但是最有发言权的是生活实践。欧亚主义问世后近一个世纪的历史，充分证明这些思想是非常宝贵的。我们举两个例子。

第一是对布尔什维克革命的理解。苏联解体后，对以列宁为首的布尔什维克领导的社会主义革命与社会主义建设，人们发表了无数评论。其中绝大多数人对此或者肯定，或者否定，立场泾渭分明，势同水火。肯定者把十月革命道路、斯大林社会主义模式教条化，赋予它们普遍的世界历史意义；否定者认为俄罗斯的布尔什维克革命和苏联的社会主义制度是少数非俄罗斯族的知识分子（列宁有四分之一的蒙古族血统，斯大林是格鲁吉亚人）强加在俄罗斯身上的，本来就与作为欧洲文化一部分的俄罗斯文化格格不入。这些说法都十分肤浅。十月革命和社会主义建设曾取得成功，社会主义苏联一度成为苏联人的骄傲，苏联时期对列宁和斯大林的个人崇拜曾经几乎被所有的苏联人接受，这些表明布尔什维克的社会主义事业是与苏联的国情相吻合的，自有其深刻的社会基础和思想文化基础。这可以用俄罗斯落后的村社制度和沙皇贵族的封建统治来解释（不能把欧洲、俄罗斯的特点及其关系作为历史过程加以科学解释，这是欧亚主义的重要缺陷），但是仅从文化的角度看，这恰恰说明欧亚主义具有过人的洞察力。亚洲因素是俄罗斯文化也是俄罗斯人所固有的，因此，欧亚主义者说，国家主义、集体主义、意识形态专制是俄罗斯国情的产物。从这个角度看，它们的出现有着历史的必然性（当然，国情在变，它们也不会有永恒价值）。欧亚主义把布尔什维克革命，以及苏联的社会主义制度，放在俄罗斯国情的大背景中审视，从俄罗斯国情的特殊性出发解释它的种种特点，这对于我们深入理解苏联的历史很有帮助。相比之下，那些从西方的民主、人道主义观念出发指责布尔什维克的做法，或者用某个领导人的个人品质解释这段历史，是没有说服力的。当代俄罗斯哲学家 B. 梅茹耶夫讲到对布尔什维克事业的评价时说：任何人都不可能做得比布尔什维克更好。这种说法显示出了欧亚主义的意蕴，然而它是有道理的，比各种流行的说法要深刻得多。

第二是对戈尔巴乔夫改革及其之后俄罗斯历史的理解。戈尔巴乔夫改革打出的旗号是建设"人道的、民主的社会主义"，苏联解体后，叶利钦把建设美国式的民主国家作为努力目标。当时社会上流行一种说法：回到欧洲大家庭！但是戈尔巴乔夫和叶利钦都失败了。除了经济濒于崩溃，国内还缺少完善的法律制度，强制推行西方式的民主导致犯罪率飙升、腐败横行、众多政党恶性竞争，社会动荡不定；在对外关系方面，戈尔巴乔夫奉行新思维，叶利钦向西方示好，放弃对立政策，但换来的是北约东扩，俄罗斯国内的各种动乱中无不显现出西方黑手的影子。前者说明，社会生活民主化当然是一种进步，但以什么方式、按照什么步骤、分什么阶段实行，则必须从俄罗斯具体国情出发，而俄罗斯文化，包括苏联文化，依靠并且不断培养的是欧亚主义者所说的蒙古人带来的亚洲特点，这样的国情是不可能只凭国家领导人或者少数知识分子的鼓动就可以立即改变的。2005 年，当今俄罗斯最有影响的一位画家 И. 格拉祖诺夫，在报纸上发表文章，一开头便说：俄罗斯需要一位家长，这就是沙皇。文章的署名特意在作者姓名前加了"贵族"二字。俄罗斯的国际处境同样让人想起欧亚主义。西方积极促进苏联解体，而在其解体之后，作为对戈尔巴乔夫和叶利钦"善意的回报"，却是西方国家竭力压缩俄罗斯的生存空间，在全球强制推行由美国主导的国际秩序，这清晰地体现出一种新殖民主义特征。普京于 21 世纪初上台执政，他在 1999 年的最后一天发表了一篇题为《千年之交的俄罗斯》的长文。该文最基本的思想是强调放弃"主义"之争，立足现实，把获取俄罗斯的利益作为一切行动的唯一目标。这显然是在强调一切政策必须从俄罗斯的国情出发。基于这样的思想，他在内政方面大力加强中央集权；在外交方面，必要时敢于与美国对抗，捍卫国家利益。人们普遍认为这是民主的倒退，甚至是在退向斯大林时期。但是无论如何，他的做法体现了实事求是的精神，符合俄罗斯的国情。正因为如此，国内局势迅速稳定，经济一度高速发展，俄罗斯国家利益在国际舞台得到捍卫。当然，全面评价苏联改革和今天的俄罗斯是十分复杂的事情，但是让人明显感受到的是，戈尔巴乔夫和叶利钦的政策是从理想、"应有"出发，悬浮在空中，普京的政策则相对现实。在这里我们同样可以看到欧亚主义的幽灵。其实不仅仅是幽灵。有一位1992年去世的俄罗斯哲学家 Л.P. 古米廖夫，写过大量文章，他依据从考古学到地缘政治学的最新成果，高度认同欧亚主义。他说："如果俄罗斯要复兴，唯一的途径是欧亚主义。"

说到底，欧亚主义最可贵的是为我们提供了一种研究社会发展问题的方法，这就是：虽然每个国家的文化都在不断变化，但是任何时候在考虑这个国家的社会发展时，都必须从这个国家既有的文化传统、文化特点出发；它们会在这些国家的发展中"顽固"地发挥作用，不以任何人的意志为转移。对于后发展国家来说，尤其要警惕全面"欧洲化"的倾向，这种倾向无视后发展国家自身的特点，掩盖了某些欧洲国家把后发展国家纳入自己利益格局的意图，是十分有害的。具体到俄罗斯，就是任何时候都不能忘记自己是欧亚国家，东方因素是其自身固有的，必须探索一条与西方国家不同的发展道路。应该说，欧亚主义的主张对于我们深入理解中国的现代化运动，特别是改革开放以来中国社会的变化，乃至未来发展，同样具有特殊的参考价值，只是限于篇幅，这里不做论述了。无论如何，欧亚主义在今天仍然具有重要的现实意义，这是显而易见的。中国正在积极探索适合自己国情的现代化之路，正在为中华民族复兴而奋斗。对于中国读者来说，深入了解欧亚主义具有重要意义，但我们对欧亚主义的了解太少了，令人遗憾。

我们面前的这本书是尼·谢·特鲁别茨柯依的文集，收录了他关于欧亚主义的主要作品，这些著作在欧亚主义运动中发挥了重要作用。其中的《欧洲与人类》是1920年出版的一本小册子，它对罗马－日耳曼文化的侵略性以及各种文化发展的独立性做了深刻说明。大家知道，1921年问世的《回归东方·预言与现实·欧亚主义者的主张》是欧亚主义问世的标志，然而这部著作的基础便是特鲁别茨柯依的《欧洲与人类》。因此《欧洲与人类》被今日俄罗斯学术界视为欧亚主义的奠基之作，特鲁别茨柯依本人则被视为欧亚主义的奠基人。特鲁别茨柯依参与了欧亚主义运动的全过程，不仅参加了《回归东方·预言与现实·欧亚主义者的主张》的写作，而且发表一系列文章对欧亚主义做了深入阐述。特鲁别茨柯依是语言学家、哲学家、文化学家，是维也纳大学教授，他的父亲 C.H. 特鲁别茨柯依是白银时代著名哲学家、莫斯科大学校长。犀利的目光加上深厚的学养，使特鲁别茨柯依的著作在欧亚主义运动中产生了重要影响。正因为如此，哲学家 M.A. 马斯林——当今俄罗斯在俄国哲学史方面最有影响的专家——称特鲁别茨柯依为"欧亚主义毋庸置疑的精神领袖"。

除了欧亚主义，特鲁别茨柯依对语言学研究倾注了大量精力，同时对文化问题、民族问题也有深入研究。他特别强调"自我认识"对于个人或者民族的重要性，指出，无论个人还是民族，都希望建立一种能够使自己的独特本质得到充分、和谐展现的生活方式，这种生活方式及相应的文化，就体现了这一个人或这个民族真正的自我认识。特鲁别茨柯依的工作得到其他俄罗斯哲学家的高度评价，他与 C.Л. 弗兰克、H.O. 洛斯基等人密切合作，积极参与了别尔嘉耶夫在巴黎出版的杂志《道路》的编辑工作，成为白银时代俄罗斯哲学的代表性人物之一。特鲁别茨柯依反对任何形式的沙文主义、文化保守主义和种族主义，反对对文化和民族施加暴力。他的思想引起德国法西斯的不满。希特勒的军队入侵奥地利之后，盖世太保搜查了特鲁别茨柯依在维也纳的住所。他当时正身患重病躺在医院，很快因病去世。

特鲁别茨柯依是白银时代俄罗斯宗教哲学的代表性人物之一，他的著作是研究白银时代俄罗斯哲学，特别是欧亚主义不可或缺的重要资料。《欧洲与人类》中文版在内容上比原作有所扩展，它几乎包含了特鲁别茨柯依关于欧亚主义的所有重要作品，具有很高的学术价值，它的出版是一件值得庆贺的大好事。

以此为序。

安启念

2016 年 1 月 15 日

译 者 序

　　欧亚主义是当代俄罗斯构建地缘政治空间和实现文化复兴的重要思想资源。俄罗斯国内和国际学术界都很重视对此问题的研究，也出版了大量相关研究专著和译著。在我国国内已有一些关于欧亚主义问题的研究成果，但被称为古典欧亚主义"教义手册"的《欧洲与人类》却无人译介。这无疑是重要学术资源的缺失。

　　开始翻译这部名为《欧洲与人类》的小册子是源于本人博士后出站报告《分裂的宿命与自主性的抗争——现代性视域下俄罗斯文明圈的解构与重建》的写作需要。其中，欧亚主义作为重构俄罗斯文明圈的一种可能方案被系统讨论过。

　　《欧洲与人类》的作者是尼·谢·特鲁别茨柯依

（1890—1938）公爵。他与别尔嘉耶夫等人一样是"白银时代"重要的思想家。独特的历史环境使其成了移民哲学家，并对新建立的苏维埃政权形成了自己独特的看法。这些看法请读者特别留意，并做出自己的判断。

一

　　欧亚派的故事开始于 1920 年保加利亚的首都索非亚。这一年在索非亚出版了这本题为《欧洲与人类》的小册子。这本小册子篇幅不长，只有 82 页。

　　"这本书延续了那场为俄罗斯自主性所作的斗争。这场斗争已经孕育出了俄罗斯思想的多种流派。它的基调主要是批判的。它抨击了某些理念，这些理念为西方所推崇，而俄罗斯社会自 18 世纪以来也开始以其为取向。"[①] 这种立场与当时俄罗斯侨民思潮的发展态势高度契合，因此这本小册子就成了欧亚主义思

---

① Сухов А.Д.Столетняя дискуссия-западничество и самобытность в русской философии,М.,1998:164.

潮的"教义手册"。

二

当时在俄罗斯侨民界汇集了一大批思想家。由于索非亚是这些人前往欧洲的中转站,因此这本小册子很快成了"促成团结的原点和途径"。

1921 年,特鲁别茨柯依,地理学家、经济学家和地缘政治家 П.Н. 萨文茨基(1895—1968),音乐学家和艺术学家 П.П. 苏弗钦斯基(1892—1985)以及宗教哲学家和政论家 Г.В. 弗洛连斯基(1893—1979)共同出版了《回归东方·预言与现实·欧亚主义者的主张》(以下简称《回归东方》)文集,它的出版标志着欧亚主义作为一个学术共同体的正式形成。

《回归东方》文集的出版促进了欧亚主义在俄罗斯侨民界中的传播。它很快就吸引了来自不同学科领域的研究者,其中有历史学家、经济学家、语言学家、人类学家、地理学家和文化学家等,他们都自称为"欧亚主义者"。

这些欧亚主义者定期或不定期地举行研讨会，在其运动最为活跃的时期，参加研讨会的人员多达几百人。他们还出版文集和专著，甚至创办了自己的报纸《欧亚洲》（1928—1929）。

尽管如此，"欧亚主义"作为一个学术共同体仍是较为松散的组织，其成员不仅学科多样，且流动性强。弗洛连斯基的离开对于欧亚主义来说无疑是一个巨大的损失，而哲学家 Л.П. 卡尔萨文（1882—1952）的加入又加强了欧亚主义的理论，尤其是哲学理论的基础。

三

到了 20 世纪 30 年代，苏联国内和世界局势均发生了巨大的变化。苏联成功实施了第一个"五年计划"（1928—1932），其经济和军事实力大为提升，与美国两极对峙的局面已具雏形。面对这种巨变，欧亚主义内部出现了亲布尔什维克的倾向，与之前反对布尔什维克政权的立场相悖；加之特鲁别茨柯依的过早离世导致欧亚主义最终走向分裂。

在 20 世纪 30 年代后期，虽然部分思想家（如萨文茨基、卡尔萨文等）仍围绕欧亚主义进行研究和思考，但欧亚主义作为一个思想共同体已经不复存在，并在苏联时期沉寂了近 60 年的时间。①

但苏联解体所造成的巨大意识形态真空，以及当代俄罗斯所面临的险峻的国内外形势使欧亚主义"卷土重来"，被当代欧亚主义者杜金称为"21 世纪的俄罗斯民族思想"②。欧亚主义学说作为当今俄罗斯问题研究的热点话题获得了更多维度的阐释和解读。

四

《欧洲与人类》之所以被视为古典欧亚主义的"教义手册"，不仅由于它是"促成团结的原点和途径"，更为重要的是，它较为系统地阐释了欧亚主义的基本

---

① 但不可否认的是，这种沉寂只是相对的，因为即使在斯大林时期，欧亚主义在苏联仍有追随者，甚至形成了"红色欧亚主义"的组织。

② 曹特金：《俄罗斯学者谈新欧亚主义》，《史学理论研究》，1999 年第 4 期。

理论主张和诉求。

第一，在历史道路的选择上，欧亚主义**反对西化**。

第二，既然拒绝西化，那么，俄国将向何处去？欧亚主义的回答是**回归东方**。

第三，这种历史道路的选择基于欧亚主义者对俄罗斯独特文化类型的判断。欧亚主义者认为，俄罗斯文化是"**欧亚文化**"，即俄罗斯传统文化是欧亚大陆腹地所有民族的共同文化，综合了欧亚大陆东方、西方和南方文化的诸多因素。

为此，俄罗斯应探索一条不同于单纯的欧洲和单纯的亚洲的"第三条自主性道路"，成为欧洲和亚洲之外的另一个世界的文明典范。

五

为了充分论证以上观点，特鲁别茨柯依公爵陆续完成了《俄罗斯问题》《我们与他们》《真假民族主义》《俄罗斯文化的顶层与底层》《巴别塔与变乱的语言》等作品。

《俄罗斯问题》重点讨论了"第三条自主性道路"

的可能性问题。作者强有力地拒斥了侨民界盼望获得西方援助而重建俄罗斯的观点，指出与其成为欧洲的殖民地，不如成为亚洲世界的领袖。这不免使一些人将欧亚主义视为苏维埃政权的吹鼓手。

《我们与他们》从全新的文化角度，对欧亚主义、民粹主义和布尔什维克主义之间的关系进行了深入、透彻的分析，强调指出，欧亚主义所主张的是建立一种植根于东正教传统、具有创造性和建设性的民族文化。欧亚主义的所有政治主张都是以这种文化观为前提和基础的。

《真假民族主义》首先批判了欧洲自我中心主义的假民族主义，并在此基础上指出真正的民族主义应是对自己民族自主性和独特性的充分认知与不懈追求。这也再次重申了欧亚主义对自主性的诉求。

《俄罗斯文化的顶层与底层》和《巴别塔与变乱的语言》则主要围绕俄罗斯文化是一种独特的文化类型——欧亚文化的问题，分别从人类学和语言学的角度进行了论证。

在《巴别塔与变乱的语言》中，特鲁别茨柯依对比分析了大量俄语词汇的词源结构和历史来源，用以说明俄罗斯文化综合了东方、西方和南方的文化元素，而且在精神上更接近于东方文化。

或者说，俄罗斯的底层文化是这种综合的欧亚文化，而顶层文化却是与之割裂的西化文化。作者在《俄罗斯文化的顶层与底层》中详细分析了这种"双重文化"的特点及其成因，指出俄罗斯文化的民族基础是底层的欧亚文化，它才是在俄罗斯土壤之中有机地成长起来的民族文化。

六

欧亚主义试图使俄罗斯成为另一种文明的典范，对自主性文化传统的认知与诉求极大地影响了当代俄罗斯的地缘政治构建理念。中国与俄罗斯具有密切的地缘政治关系。俄罗斯地缘政治战略将直接影响中国的战略选择。因此，译介《欧洲与人类》可以为我们更深入地理解俄罗斯的地缘政治战略选择，乃至对中国对外战略的选择进行前瞻性的预测及研究提供重要的理论和思想资源。

七

需要指出的一点是，由于特鲁别茨柯依本身具有一定的历史局限性，他的有些观点并不完全正确，书中的观点不能代表译者的观点。为方便读者阅读，部分章节增加"导语"内容，以供参考。

尽管译著的翻译工作历时近两年，且期间不断加以修正与打磨，但由于译者水平有限，难免有错漏之处，欢迎各位读者对译文不妥之处进行批评指正。

目　录

Оглавление

欧洲与人类

　　我出版这个作品并非没有内在的担忧。其中所表达的思想在我的意识中已经存在了十数年。从那时起，我就与不同的人多次谈论这些话题，希望能够反省自己的观点，或是说服他人。其中的许多谈话和争论令我受益良多，因为它们促使我更加详细地思考和深化我的观点和论据。但我的基本立场始终没有改变。当然，我们不能仅限于偶然的谈话，为了验证我所捍卫观点的正确性，我们需要在更广泛的讨论中检验它们，也就是将它们公之于众。我在此之前还没有这样做。这是因为为数众多的谈话给我留下的最初印象是，大多数我偶遇的人根本不能理解我的想法。他们不能理解这些想法并不是由于我讲得不够明白，而是因为对于大多数接受过欧洲教育的人来说，他们几乎本能地不肯接受这些思想。因为这些思想同某种不可动摇的心理建构相抵触，而后者是欧洲思维的基础。他们把我看作喜欢奇谈怪论的人，而我的论断是一种标新立异。无须多言，在这种情况下进行的争论对我而言就丧失了任何意义和益处。这是因为只有在争论双方能够互相理解，并用共同的语言进行对话的时候，争论才是富有成效的。那个时候，我遇到的人几乎无一例外全是不能理解我思想的，所以，我认为还不是说出自己想法的时候，需要等待更合适的时机。现在，我终于决定出版它，这是由于在最近一段时间里，我与之交谈的人们不仅能够理解我的想法，甚至同意我的基本立场。似乎很多人已经独立地得出了与我相同的结论。很显然，在许多受过教育的人的思想中发生了某些变化。十月革命和随之而来的"和平"（这个词到现在为止还不得不加上引号）动摇了人们对"开化的人类"的信仰，使许多人睁开了双眼。我们俄罗斯人当然处于一个特殊的地位。我们亲眼见证了那些被称为"俄罗斯文化"的东西是如何在瞬间崩塌的。我们许多人都感到震惊，这个过程结束的是如此迅速和轻松，许多人也开始思考产生这种现象的原因。这本小册子可能会对一些同胞思考这个问题有所帮助。或许可以引用俄罗斯历史和俄罗斯现实中丰富的例子来说明我的一些论断。叙述也有可能会因此变得更为有趣和生动。但整体计划的清晰性自然将受到这种插叙的影响。然而，在为读者呈现相对较新的思想时，我更加看重的是，如何以最清晰和最有序的形式来介绍它们。进一步来说，我的思想不只涉及俄罗斯民族，还有其他一些民族。他们本身并不是罗马人，也不是日耳曼人，却以这样或那样的方式接受了欧洲文化。我之所以选择使用俄语来出版这本书，只是因为"自己的衬衫离身体更近"，而且对我而言，更为重要的是，我自己的同胞能够接受和掌握我的思想。

在请读者关注我想法的同时，我更希望给读者们提一个问题，每个人都应该为了自己而亲自解决它。在以下两者之中选择其一：或者认为我所捍卫的思想是错误的，这需要合乎逻辑地驳倒它们；或者认为我的思想是真实的，这需要从中得出实践性结论。

任何人一旦承认这本小册子所提出的观点是正确的，那就意味着他有责任进一步工作。接受了这些观点之后，仍需要在现实的应用中发展和细化它们，需要从这个视角出发来重新审视生活为我们已经提出和正在提出的一系列问题。现在，相当多的人都在以这样或那样的方式忙于"对价值进行重估"。对于那些接受了这些观点的人来说，他们可以指出这种重估所应有的方向。毫无疑问的是，这既是理论工作，也是实践工作。因为它已经超出了只是简单接受某些基本观点的范围了，因此，这项工作应是集体性的。一个人可以提出某种思想，举起鲜明的旗帜。但在这种思想之上建立起一个完整的体系，并将这种思想运用到实践中去却需要很多人。我呼吁所有认同我信念的人都能加入这项集体工作中。这应该是些什么样的人呢？我在一些偶然的聚会中得出了答案。他们只需要在友好的共同工作中团结起来。如果我的这本小册子能成为这种结合的推动力量或媒介，我觉得我的目的就达到了。

从另一方面来讲，那些不同意我观点的人也有明确的道德责任。因为如果我所持的观点确实是错误的，那么它们就是有害的，需要尽力去驳倒它们。与此同时，由于这些思想是经过逻辑论证的，因此，它们需要合乎逻辑地予以驳斥。这样做是很有必要的，因为这可以使那些相信了这种思想的人远离困惑。只要有谁能充分向我证明这些思想是错误的，那么，作为作者本人，我也将毫无遗憾地抛弃这些已经伴随了我十多年的思想，尽管这会令人感到不快和不安。

I

在看待民族问题上，每个欧洲人的立场都可能不同，但所有这些立场都处在以下两个极端之内：一端是沙文主义；另一端是世界主义。每种民族主义都综合了沙文主义和世界主义的各种要素，是这两种相悖立场相互妥协的结果。

毫无疑问，欧洲人认为，沙文主义和世界主义是矛盾的，在原则上和本质上是两种完全不同的观点。

然而，我们不能同意这样处理问题。我们有必要更加仔细地考察沙文主义和世界主义，以便认识到两者之间并没有什么原则上的区别，它们只不过是同一种现象的两个阶段或方面而已。

沙文主义者通常会从这种先导性立场出发，即认为只有他自己的民族才是世界上最好的民族。因此，他的民族文化要比任何其他民族的文化更优秀、更完备。只有他自己的民族才有资格引领和主宰其他民族，而其他民族都应该服从它，接受其信仰、语言和文化，并与其合为一体。所有那些没有走上伟大民族最终胜利道路的其他民族都应该被武力清除。沙文主义者是这样想的，也是这样做的。

世界主义者否认民族间的差异。他们认为即使存在这种差异，也应该消除它们。开化的人类应该是同一的，并且具有统一的文化。野蛮民族应该接受这种文化，并适应它，这样才能加入文明民族的大家庭，同这些文明民族共同走世界进步之路。文明就是最高福祉，为了它应该牺牲民族的特殊性。

在这种叙述模式中，沙文主义和世界主义确实看似大不相同。前者认为某种种族－人类学群体的文化应该成为主导文化，后者则认为这种文化应该是超越种族的人类普遍文化。

但让我们看一下欧洲的世界主义者究竟是如何理解"文明"和"开化的人类"这两个概念的。他们把

"文明"理解为由欧洲的罗马－日耳曼民族①所共同创造的文化，相应地，开化的民族也首先是罗马－日耳曼民族，其次是那些接受了欧洲文化的其他民族。

由此我们可以看出，世界主义者所认同的那个文化，也就是那个应该取消其他所有文化而成为超越种族的人类普遍文化，与沙文主义者所梦想的那个可以主宰世界的种族－人类学群体的主导文化是同一个文化。这里没有任何原则上的差异。事实上，每个欧洲民族的种族－人类学和语言共同体都是相对的。这些民族中的每一个都联合了其他不同的、更小的种族群体。这些群体有自己的地域文化和人类学特征。他们由血缘和共同的历史纽带彼此相连。共同的历史为这些群体建构了某种共同的文化价值储备。因此，尽管沙文主义者在不断鼓吹自己民族是所有完美可能性的缔造者和唯一承载者，但实际上他们只是拥护不同种族群体联合的人。这也并不足以为怪，因为沙文主义者想让其他民族与他自己的民族相融合，让那些民族

---

① 罗马－日耳曼民族（романо-германские народы），是一个民族－文化学意义上的概念，这里特指创造了所谓"西方文明"的欧洲民族。——译者注

失去自己的民族面孔。沙文主义者会把那些已经这样做的其他民族引为同类，因为这些民族抛弃了自己的民族面孔，接受了沙文主义者所在民族的语言、信仰和文化。沙文主义者也将称赞他们为自己民族文化所做出的贡献，但前提当然是这些民族必须忠实地接受了沙文主义者所喜爱的那种精神，并且能够同自己原有的民族心理完全决裂。对于这些已经被主导民族所同化的异族，沙文主义者始终持有一定怀疑，尤其是在这种同化过程刚刚完成的时候。但没有一个沙文主义者会在原则上拒不承认这些异族，我们知道，甚至在欧洲的沙文主义者中间也有为数不少的人，从他们的姓名和人类学特征上很容易看出他们原本并不属于那个主导民族，尽管他们如此热烈地鼓吹其主导地位。

如果现在再来看欧洲的世界主义者，那么可以看出，他们与沙文主义者在本质上没有差别。那个被其视为最高文化的"文明"，那个所有其他文化都应该在其面前相形见绌的文化（世界主义者是这样认为的），也正是人们所熟悉的罗马－日耳曼文化，是在血缘和共同历史上彼此相连的一些民族所共同拥有的文化。沙文主义者经常忽视构成其民族各个种族群体的特征，与之类似，世界主义者也对各个罗马－日耳曼文化的特点视而不见，他们只挑选那些进入民族共同文化储备的东西。他们也承认某些非罗马－日耳曼民族文化活动的价值，只因为这些非罗马－日耳曼民族已经完全接受了罗马－日耳曼文明，抛弃了所有与这个文明在精神上相悖的东西，换上了罗马－日耳曼人的共同面孔。这与沙文主义者如出一辙。后者也只把那些能够完全与主导民族同化的异族人和外国人看成自己人。尽管世界主义者对沙文主义者本身，乃至对所有试图把某个罗马－日耳曼文化进行特殊化处理的原则都表现出敌意，但即使是这种敌意也与沙文主义者的世界观具有某些平行的地方。沙文主义者始终敌视任何由其民族组成部分表现出来的分裂主义企图。沙文主义者一直努力消除和掩盖那些地方性特征，唯恐它们破坏了民族统一。

由此，沙文主义和世界主义就完全重合了。从本质上来讲，这是对其所属的种族－人类学群体文化表现出来的同一种态度。两者的区别仅在于：与世界主义者相比，沙文主义者会选择更为紧密的种族群体；但与此同时，沙文主义者所选择的群体也并不完全是同族的；从世界主义者这方面来看，他们选取的仍是某个特定的种族群体。

换言之，两者的区别只是程度上的，并不是原则上的。

在评价欧洲世界主义时应该始终牢记，"人类""人类普遍文明"之类的语词是极其不准确的表达。在它们背后隐藏着非常明确的种族概念。欧洲文化不是人类文化。这是某个种族群体历史的产物。日耳曼人和凯尔特人[①] 在经过罗马文化不同程度的影响并实现了相互间充分融合之后，用自己民族文化的要素和罗马文化要素创造出了众所周知的、共同的生活方式。由于共同的种族和地理因素，他们长期过着一种共同的生活。由于彼此间频繁交往，在他们的风俗和历史中共同因素就显得特别重要，以至于罗马－日耳曼共同体的感觉始终无意识地存在于他们之中。

---

① 凯尔特人是公元前 1000 年活动在中欧的一些有着共同的文化和语言特质的、有亲缘关系的民族的统称，是一个由共同语言和文化传统凝合起来的松散族群，主要分布在当时的高卢、北意大利（山南高卢）、西班牙、不列颠与爱尔兰。——译者注

随着时间的推移，正像许多其他民族一样，他们要寻找自己文化根源的欲望苏醒了。他们发现了大量记载古希腊和古罗马文化的文献，并因此了解了超越民族界限的世界文明的观念，以及独特的古希腊－罗马世界的观念。但我们清楚，这种观念的形成同样也有种族－地理的因素。当然，在古罗马，"全世界"仅指"大陆圆环"①，也就是指居住在地中海海域或附近的各个民族。他们通过频繁的相互交往而形成了一整套共同的文化价值，后来由于古希腊和古罗马世界的殖民活动以及罗马的军事统治而最终统一起来。古代的世界主义观念如其所愿地成为欧洲形成的基础。它们进入罗马－日耳曼共同体无意识感觉的土壤中，形成了被称为欧洲"世界主义"的理论根据。准确来讲，这种世界主义不如被称为**泛罗马－日耳曼沙文主义**（общероманогерманский шовинизм）。

这就是欧洲世界主义理论的真实历史根据。世界主义的心理基础与沙文主义的心理基础是相同的。

---

① 原文为拉丁语，orbis terrarium，俄文版注释为 круг земель。——译者注

两者只是某种无意识偏见或特殊心理的不同类型而已。这种偏见或特殊心理最好应被称为**自我中心主义**（эгоцентризмом）。一个人一旦表现出鲜明的自我中心主义心理，他就会无意识地把自己看作宇宙的中心、创造的典范、最完美的存在。他们以自己为标准区分两类存在，哪类与它接近，与它更为相似就更好一些，哪类与它相距较远则更差一些。因此，在他看来，他所在的任何一个自然存在群体都是最完美的。他的家庭、阶层、民族、部族、种族都好过其他一切与之相对应的家庭、阶层、民族、部族、种族。同样地，他所属的那个物种，也就是人类，也优于其他所有哺乳动物；哺乳动物本身又优于其他脊椎动物；动物优于植物，而有机世界优于无机世界。没有人能够完全摆脱这种心理，只是这种心理所涉及的范围不同而已。科学本身也还没有完全摆脱它，因此，任何为摆脱自我中心主义偏见所做的科学努力都异常艰难。

自我中心主义心理渗透了很多人的世界观。几乎没有人能够完全摆脱它。但由于它的极端表现是很容易被察觉的，它们的荒谬之处也是显而易见的，因此，这些表现通常会引来谴责、反对或是嘲笑。如果一个人相信自己比所有人都聪明，比所有人都优秀，他的一切都是美好的，那么，他就会经常受到周围人的嘲笑。一旦他对此进行反击，他就会获得应得的惩罚。如果一个家庭天真地认为，其所有成员都是天才、聪明而漂亮，那么，其通常会成为自己熟人的笑柄，人们经常会以谈论他们为乐事。自我中心主义的这种极端表现是罕见的，而且通常会遭到反对。但当自我中心主义扩大到更大的群体之中时就是另一回事了。在这种情况下通常也会有人反对自我中心主义，但挫败它则更困难。事情通常要由两个自我中心主义群体之间的斗争来解决。取胜的一方将继续自己的信念。这种情况很常见，比如，在阶级或社会斗争中也是如此。资产阶级推翻了贵族阶级，它就相信自己比其他阶级都优越，被它推翻的贵族阶级也曾同样相信自己比其他阶级优越。然而，这种自我中心主义终究是显而易见的，那些头脑更清醒的和具有"宽广"视角[1]

---

[1] 这里的宽广视角主要是指自我中心主义所涉及的群体范围较大。——译者注

的人们通常能够超越这种偏见。更难以摆脱的是有关种族群体的偏见。对于如何理解自我中心主义偏见的实质，人们表现出的敏感度大不相同。众多普鲁士－泛德意志人（пруссаки-пангерманцы）尖锐地批判与自己同族的普鲁士人，这是因为他们把普鲁士民族排除在其他所有德意志民族之外，这种"克瓦斯爱国主义（квасной патриотизм）"是可笑和狭隘的。尽管如此，关于"整个德意志民族是人类的最高成就和精华"的论断却不会在他们的意识中引起半点怀疑。但他们尚未达到罗马－日耳曼沙文主义，或所谓的世界主义的高度。但作为普鲁士－世界主义者而言，他们同样会为自己那些泛德意志的同胞们感到羞愧，指责他们的倾向为狭隘的沙文主义。殊不知他们自己也是沙文主义者，只不过他们不是德意志的沙文主义者，而是泛罗马－日耳曼的沙文主义者。因此，这里只是敏感程度的问题：一些人感知沙文主义的自我中心主义基础稍强一些，另一些人则稍弱一些。但无论如何，欧洲人在这个问题上的敏感度是非常有限的。很少有人会超越所谓的世界主义，也就是罗马－日耳曼沙文主义。据我所知，欧洲人根本不会承认"野蛮人"的文化与罗马－日耳曼的文化是等值的。也许，这种欧洲人根本就不存在。

* * *

通过以上的叙述已经完全清楚了，一个负责任的罗马－日耳曼人应该如何看待沙文主义和世界主义。他应该意识到，无论是前者还是后者，都是以自我中心主义心理为基础的。他应该意识到，这种心理是一种不合逻辑的原则，因此，它不能成为任何一种理论的基础。不仅如此，他也不难理解，从本质上来讲，这种自我中心主义是反文化和反社会的，它阻碍了"共存"（从这个词最广泛的意义上来讲），也就是说，它阻碍了各种存在的自由交往。任何人都应该清楚，无论是这种还是那种自我中心主义的形式，都只能以武力为自己开罪，正如上文所述，自我中心主义始终是获胜者的战利品。欧洲人没有超越自己的泛罗马－日耳曼沙文主义的原因正是在于，虽然获胜者可以通过武力征服任何一个欧洲民族，但从整体上而言，整个罗马－日耳曼民族是强大的，以至于没有人可以战胜它。

只有当我们设想的那个敏锐而负责任的罗马－日耳曼人意识到了这些问题时，他的心里才会发生冲突。他全部的精神文化和世界观都奠基于这样一种信仰之上，那就是无意识的内心生活及以此为基础的全部偏见都应该让位于理性和逻辑的指令，因为他相信，只有在合乎逻辑的科学基础之上才能形成某些理论。他全部的观念都建立在这些原则基础之上。正是这些原则阻碍着人们之间的自由交往。他全部的伦理观念都拒绝使用粗暴的武力来解决问题。但他突然间发现，世界主义的基础竟是自我中心主义！世界主义是罗马－日耳曼文明的顶点，但从根本上来说，它所依据的原则却有悖于这个文明所有的主要口号。世界主义的根源，这个人类普遍信仰的根源，却是建立在反文化的原则——自我中心主义之上的。事情是悲剧性的，出路只有一个。负责任的罗马－日耳曼人应该像拒绝沙文主义那样，永远拒绝所谓的世界主义，并由此拒绝所有这样看待民族问题的观点，尽管这些观点处于沙文主义和世界主义这两种极端之间。

那么，非罗马－日耳曼人应该如何看待欧洲的世界主义和沙文主义呢？这些民族的代表并未从一开始就参与了所谓的欧洲文明的形成。

不仅从欧洲罗马－日耳曼文化的角度来说，而且从所有文化的角度来说，自我中心主义都理应遭到批判，因为这是一个反社会的原则，破坏着人们之间的各种文化交流。因此，如果在非罗马－日耳曼民族中间也存在沙文主义者，宣扬自己的民族是神选的民族，所有其他民族都应该服从他们民族的文化，那么，这些沙文主义者的所有同族人就要同这样的人进行斗争。但也很可能在这些民族中出现这样一些人：他们所宣扬的不是自己民族在世界上的主导权，而是某个其他民族、异族的主导权，他们将规劝自己的同族人与这个"世界民族"完全同化。要知道，在这种说教中可没有丝毫的自我中心主义，与之相反，有的只是更高的超中心主义。因此，不能像批判沙文主义那样批判它。但从另一方面来讲，学说的本质不比宣传者的个性更重要吗？如果是民族 A 的人宣扬民族 A 主导民族 B，那么，这就是沙文主义，是自我中心主义心理的表现，那么，这种宣扬不仅应该遭到民族 A 的合法反击，也应该遭到民族 B 的合法反击。

但是当民族 B 的人也随声附和民族 A 时，事情是不是就完全改变了呢？当然不是，沙文主义依然是沙文主义。民族 A 的代表理所当然是整个事件的主角。他口中讲的都是其他民族情愿被奴役和沙文主义理论具有真理意义。与此相反，民族 B 代表的声音可能高过民族 A，但从本质上而言，却没有那么重要。民族 B 的代表可能只是相信了民族 A 代表的论证，坚信民族 A 的力量，并且任其摆布；民族 B 的代表也可能只是被收买了。民族 A 的代表为自己的民族而斗争，民族 B 的代表却是为了他人：从民族 B 代表口中说的实际上就是民族 A 的意愿，因此，我们总是有权把这种宣扬视为同一种沙文主义，只是粉饰后的沙文主义。

总之，所有这些论断都是没有意义的。这样的东西不值得去花费很长的时间进行有逻辑的论证。如果自己的一个同胞开始宣扬，我们的民族应该抛弃传统的信仰、语言、文化而努力与自己的邻居，假设与民族 X 同化，那么，所有人都清楚自己会怎样对待这样一个同胞。所有人要么把他视为神经错乱的人；要么认为他被民族 X 所愚弄，丧失了自己全部的民族自尊心；或者，甚至把他视为民族 X 的特使，为了得到相应的奖赏而被派遣回来进行鼓动活动。无论是以上哪种情况，所有人都会很自然地怀疑，在这位先生的背后一定有一位民族 X 的沙文主义者。正是这位沙文主义者有意或无意地在控制着这位先生的言行。我们对待这种蛊惑的态度或许有些不同，即使它出自我们本国人那里：我们必然会把它视为出自另一个民族那里，后者被鼓吹为主导民族。我们对待类似蛊惑的态度不可能不是极端否定的。这点是毋庸置疑的。世界上没有哪一个正常的民族，特别是已经形成国家的民族，能够为了被同化而情愿破坏自己的民族面孔，即使是为了与更为完善的民族同化也是不可能的。任何一个有自尊的民族在面对国外沙文主义的无耻纠缠之时，都会如古斯巴达的列奥尼达一世 ① 那样喊道："过来拿呀！"虽然争斗不可避免，但仍会为了自己民族的存亡而奋不顾身。

所有这些显而易见，但世界上尚有大量事实与此

---

① 列奥尼达一世（Leonidas 1，？—前 480）是古斯巴达国王，因在希波战争中，即温泉关战役中与 300 名斯巴达战士英勇抵抗波斯侵略军而成为古希腊英雄。——译者注

相矛盾。如上文所述，欧洲的世界主义与泛罗马－日耳曼沙文主义并无二致。它正在非罗马－日耳曼民族中间快速而毫不费力地传播开来。在斯拉夫人、阿拉伯人、土耳其人、印度人、中国人和日本人中已经有很多这样的世界主义者。他们中的许多人在反对民族特殊性和蔑视一切非罗马－日耳曼文化方面，甚至比他们的欧洲同道表现得更为正统。

　　我们如何解释这个矛盾呢？为什么在哪怕是最不易察觉的亲德宣传都足以让其警觉起来的斯拉夫人那里，泛日耳曼沙文主义却获得了不可争议的成功呢？为什么俄罗斯知识分子可以群情激愤地驳斥要充当德国民族主义者工具的想法，却毫不惧怕自己会臣服在泛罗马－日耳曼沙文主义之下呢？

　　谜语自然暗藏在语词的催眠中。

　　如上所述，日耳曼人一直以来都是那样天真地相信，只有他们才堪称"人类"，只有他们的文化才堪称"人类文明"，就连他们的沙文主义也成了"世界主义"。他们用这些术语粉饰了那些隐藏在其中的全部种族实质。这样，所有这些概念就变得可以被其他族群的人所接受了。日耳曼人在向其他民族输送自己的物质文化成果的同时，也在悄悄地传播着自己的"普遍"观念。他们的物质文化成果最能够被称为普遍的（如军事装备和动力机械设备），但他们"普遍"观念的实质却是种族的。他们把这些观念精心粉饰后，裹挟在普遍的物质文化成果之中进行传播。

因此，认为所谓的"欧洲世界主义"在非罗马－日耳曼民族中广泛传播，这纯粹是个误解。那些相信了罗马－日耳曼沙文主义者宣传的人，陷入了由诸如"人类""人类普遍的""文明""世界进步"等语词构成的陷阱之中。这些语词的字面意思很清楚，事实上，在它们背后隐藏着明确而又相当狭隘的种族概念。

那些被罗马－日耳曼文化所欺骗的非罗马－日耳曼民族中的"知识分子"应该意识到自己的错误。他们应该清楚，那个被自己冠以"人类普遍的文明"的文化实际上只是罗马－日耳曼人的族群文化。这种幡然醒悟想必应该彻底改变他们对自己民族文化的态度，并且促使他们重新思考这个问题，即当他们以某种"人类普遍的"理想（而事实上只是罗马－日耳曼人的理想，也就是说国外人的理想）的名义试图把他人的文化强加在自己民族身上，并要根除自己所有民族特性的时候，他们自己是否正确？他们只有在充分而严谨地考察了所谓的"文明人类"——罗马－日耳曼人的野心之后才能解决这个问题。只有在解决了以下这些问题之后，才能决定是否要接受罗马－日耳曼文化。

其一，是否可以客观地证明，罗马－日耳曼文化比其他所有文化都要完善（无论是现存的还是曾经存在过的）？

其二，让一个民族被异族文化完全同化是否可能，特别是在这两个民族之间没有经过种族融合时，这种同化是否可能？

其三，被欧洲文化所同化（在何种程度这种同化是可能的）是福还是祸？

任何意识到欧洲世界主义实际上就是泛罗马－日耳曼沙文主义的人，都应该这样或那样地提出和解决以上这些问题。只有在对以上所有这些问题做出肯定回答的情况下，我们才会承认全盘西化是必要的，也是人们所希望的。在对这些问题做出否定回答的情况下就要否定西化，并且需要提出新的问题。

其一，全盘西化是否是不可避免的？

其二，应该如何同它（西化）的负面影响作斗争。

我们试图在以下的讨论中解决这些问题。但为了公正而有效地解决这些问题，我们应该请读者暂时地完全脱离自我中心主义的偏见，脱离对"人类普遍文明"的崇拜，甚至脱离罗马－日耳曼科学所特有的思维方式。尽管这种脱离并不容易，因为我们所谈到的偏见深深地植根在所有接受了欧洲教育的人的意识之中。但这种脱离对于客观性这一目的而言又是必要的。

II

上文我们已经指出，承认罗马－日耳曼文化是在地球上存在过的所有文化中最完善的，其基础是自我中心主义的心理。众所周知，欧洲人所持的这种观念，即欧洲文明是最完善的，似乎是有其科学依据的，但这种依据的科学性却似是而非。事实上，关于"进化"的观念自身就浸透了自我中心主义，它存在于欧洲人种学、人类学和文化史中。"进化阶梯""发展阶段"等都是相当于自我中心主义的概念。它们的基础是这样一种观念，即人类曾经沿着、现在也正沿着所谓的

"世界进步"的道路发展。这条道路被认为是一条众所周知的直线。人类沿着这条直线发展，有些民族停留在这条直线的不同节点上，并且继续停留在这个节点上直至今日，如同原地踏步一样。与此同时，其他一些民族成功地向前移动了一些，停留在下一个节点上，如此反复。因此，当我们瞥见当前人类存在的整体图景时，就会发现整个进化的过程，因为在人类所走过的这条道路的各个阶段，直到今天还有某个停滞不前的民族在那里静止不动、"原地踏步"。因此，从整体上来说，当代人类就像被展开、被剪接的进化电影片段，不同民族的文化相互区分，就像这个共同进化过程中的不同时期，就像世界进步道路的不同阶段。

如果假设这种关于进化真实性的观念是正确的，那么不得不承认，我们终究不能建构人类进化的图景。事实上，如果要想知道每个现存文化究竟处在进化过程的哪个阶段，我们首先需要确切地了解，哪里是这条世界进步直线的起点，哪里是它的终点。只有在这种情况下，我们才能确定该文化与上述阶梯两个端点之间的距离，并因此确定该文化在整个进化过程中的位置。但在弄清楚进化的起点和终点之前，我们首先要建构进化的整体图景。这就形成了一个问题怪圈：
为了建构进化图景我们需要知道它的起点与终点，但
为了知道它的起点与终点，我们又需要建构进化图
景。显然，逃离这个怪圈只有一个途径，那就是我们
通过超验的、非理性方式确定下来，某个文化就是进
化的开始或终结。科学而客观地确定这一点是不可能
的，因为在这种关于进化的观念中，单独的各种文化
不可能包含任何表明该文化与进化的起点和终点之间
距离的东西。客观来讲，我们只会在各种文化中找到
它们彼此间或多或少相似的特点。在这些特点的基础
之上，我们能够对地球上所有文化进行分类，把它们
之中较为相近的文化放在一起，而把不太相近的文化
分隔开来。这是我们在保持客观性的前提下所能做的
全部事情。但即使在这种情况下，如果我们能够这样
做，如果我们因此获得了一个连续的链条，我们仍然
不能完全客观地确定，这个链条的起点在哪里，它的
终点又在哪里。举例来说，试想这里有七个正方体，
它们分别被涂上了彩虹的七种颜色，然后把这些正方
体排成一列，自左向右分别是：绿色、浅蓝、深蓝、
紫色、红色、橙黄色和黄色。现在打乱这些立方体的

顺序，邀请一位不清楚它们最初排列顺序的人将它们进行重新摆放，要求是每种过渡色都要介于两种基本色之间。由于受邀者并不知道这些正方体最初是按照上面提到的顺序排列的，那么显然，他的排列顺序只可能偶然地与其最初的排列顺序完全重合，重合的概率为1/14。当我们需要把人类现存民族和文化做进化顺序排列时，研究者的处境与这位受邀者的处境完全相同。即使他把每种文化都置于与之最为相似的其他两种文化之间，他仍然永远无法知道"应该从哪一端开始"。正如在我们的实验中一样，没有人能够猜出应该从绿色立方体开始，浅蓝色立方体不应该在它的左边，而应该在它的右边。两者的区别仅在于，我们需要分类的文化不是七种，而要多得多，因此，可能的解决方案也将不是14个，而要多得多。与此同时，因为在如此众多的解决方案中只有一种是正确的，所以，解决问题的正确率比在彩色立方体实验的正确率要低很多。

因此，如果在欧洲科学界占主导地位的进化观念是正确的，那么，我们绝不可能建构人类进化的图景。但是欧洲人却在不断强调，他们已经建构了这种进化的总体线路。应该如何对此进行解释呢？难道出现了奇迹？难道欧洲科学家从某种神秘源泉那里获得了超验的启示，使得他们找到了进化的起点和终点？

如果仔细考察欧洲科学家的工作成果，考察他们所构建的那个人类进化框架，你就会马上明白，事实上，正是那种自我中心主义心理扮演了超自然启示的角色。正是这种自我中心主义心理为罗马－日耳曼的科学家、人类学家和文化历史学家指明，应该在哪里寻找人类发展的起点和终点。欧洲人为了保持客观性，当他发现自己无法自圆其说时，便把这一切归罪于错误的进化观念上，并试图有效地纠正这种观念。他们索性把人类进化的桂冠带到了自己和自己文化的头上，并且天真地相信，他们已经找到了上述这条进化链条的一个终点，并迅速地建立起了整个链条。谁都不曾想到，把进化的桂冠戴在罗马－日耳曼文化上纯粹是相对的。谁都不曾想到，这种做法本身就表明了它那可怕的先导性前提。自我中心主义心理是这样强烈，以至于没有人怀疑这种立场的正确性。所有人都无条件地接受了它，就像接受某种天经地义的东西一样。

由此形成了"人类进化的阶梯"。处于阶梯顶端的是罗马－日耳曼人和那些已经完全接受了他们文化的其他民族。处于进化阶梯稍低处的是"古代的文明民族",即那些在文化上与欧洲人最为接近和相似的民族。再低一些是亚洲的文明民族,这些民族具有文字、国家形态和其他文明特征。这些特征是他们与罗马－日耳曼人相似的地方。"美洲的古老文明(墨西哥、秘鲁)"也是如此。仅因为这些文化与罗马－日耳曼文化之间较少相似之处,所以它们处在进化阶梯更低的位置。目前所提到的所有民族,因为它们的文化具有许多与罗马－日耳曼文化相似的外部特征,所以被冠以"文明民族"的光荣称号。在它们之下是"尚未完全开化的"民族,排在最后的是"完全没有开化的"民族和"野蛮人"。这些"野蛮人"是与现代罗马－日耳曼人具有最少相似性的人类代表。

按照这种进化阶梯的观念,日耳曼人和他们的文化确实超越了目前为止所有其他民族的人类文化。当然,罗马－日耳曼的文化历史学家还会谦虚地补充说,随着时间流逝,人类可能会走得更远,也有可能,在文化层面上,火星人现在已经超越了我们,但在今天的地球上，我们欧洲人才是最完善和优越的。但这个进化阶梯理论却没有客观的说服力。客观的科学并不是由于罗马－日耳曼人是"创造之最"才构建出上述阶梯，而恰恰相反，欧洲学者把罗马－日耳曼人放置在这个阶梯的顶端，只是因为他们原本就相信自己是完善的。自我中心主义心理在这里发挥了至关重要的作用。客观来讲，整个阶梯就是民族及其文化的分类。分类的标准是这些民族及其文化具有多少与当代日耳曼人相似的特征。用于衡量阶梯完善程度的因子是非客观的，而纯粹是出于自我中心主义心理。因此，欧洲科学界所进行的民族和文化分类并不能客观地证明，罗马－日耳曼文明比其他民族的文化要更优越。虽然有谚语称，"自己做的粥，自己夸奖"，但也不能因此就说，自己做的粥是世界上最好的粥。

如果要找出证据来证明，处于"进化阶梯"顶端的罗马－日耳曼文明要比"野蛮人"或"那些处于最低发展阶段的人"的文化更完善，我们会赫然发现，所有这些证据或者是根据自我中心主义的偏见原则，或者是根据由这种自我中心主义心理产生的错觉。这里完全没有客观的科学证据。

　　最简单和最普遍的证明只是，那些欧洲人事实上总是能战胜"野蛮人"；每一场欧洲人与"野蛮人"之间的战争，都是以"白种人"的胜利和"野蛮人"的失败而告终。任何一个客观思考问题的人都应该明白这种证据的荒谬与天真。这种论据清楚地表明，在每个古高卢人和古日耳曼人后代的意识中，至今还保留着相当多的尚武精神，这构成了欧洲文明缔造者民族性格的本质特征。高卢人那"被征服者的痛苦"和日耳曼人的野蛮行径在古罗马战争传统中被系统化和深化，尽管它们被戴上了客观科学的面具，但在这里仍然丑态毕露。在最开明的欧洲"人道主义者"那里也可以找到这种论据。当然，我们不必去分析这种论据在逻辑上的无力。尽管欧洲人试图赋予它以科学形式，并把"物竞天择"和"适者生存"等理论作为它的基础，但他们仍然不能合乎逻辑地从历史中得出这样一种观点。他们总是不得不承认，胜利也会经常地落入"不太开化的"民族手中。在历史上不乏游牧民族战胜定居民族的例子（尽管游牧民族在习俗上与现代日耳曼人区别最大，在进化阶梯上总是处在定居民族之下）。所有那些被欧洲科学界所承认的"古代伟大文明"无一例外都是被"野蛮人"所破坏的。尽管为了反驳"野蛮人"比"古代伟大文明"强大，经常有人提出，这些文明在未被破坏之前就已经走向了衰落和退化，但一系列事件无论如何也无法证明这种观点。既然欧洲科学界不能证明作为胜利者的民族在文化方面总是比战败的民族要优越，那么，我们也就无法从欧洲人战胜"野蛮人"的孤立事实中得出任何正面结论。

还有一个论据尽管流行很广，但更缺乏说服力，认为"野蛮人"不擅长接受某些欧洲观念，因此他们理应被视为"下等种族"。自我中心主义心理在这里表现得尤为明显。欧洲人完全忽视了这样一点，即如果说"野蛮人"不擅长接受某些欧洲文明的观念，难道说欧洲人就擅长把握那些"野蛮人"的文化观念吗？人们时常记起关于某个巴布亚人 ① 的传说。据说他被带到英国，在学校里接受了教育，甚至被送进大学，但是不久他便因思念家乡而逃了回去。回到家乡以后，

---

① 巴布亚人（Papuans），太平洋西南部新几内亚和附近若干岛屿的居民。——译者注

他马上脱下了欧洲的服饰，又过起了他未去英国之前的"野蛮人"生活，而欧洲的文化观念在他那里甚至没有留下半点痕迹。但与此同时，人们却完全忘记了大量关于欧洲人的笑话。据说，这些欧洲人决定过"简单的生活"，为此他们在"野蛮人"中间定居了下来，但过了一段时间后，他们放弃了这个信念，重返欧洲去享受那里的生活条件。这表明，"野蛮人"接受欧洲文明是何等困难，许多试图"被文明化"的"野蛮人"不是丧失了理智就是酗酒成性。但大部分欧洲的"古怪人"也遭遇了同样的命运。这些"古怪人"自愿被某个"野蛮部落"的文化所同化（不过说实话，这种情况是相当罕见的）。他们不仅试着接受这个部落外在的物质习俗，而且接受它的宗教和信念。只要提起法国天才画家高更①的例子就足够了。高更想要成为真正的塔希提岛人②，却为此滑向了精神错乱的边缘，后来成了酒鬼并在一场醉酒斗殴中丧生。显

---

① 保罗·高更（Pawl Gauguin, 1848—1903）：法国后印象派画家、雕塑家、陶艺家，与塞尚、凡·高并称为"后印象派三杰"。

② 塔希提岛（法语：Tahiti），也称为大溪地，是太平洋东南部法属波利尼西亚最大的岛屿。

然，这并不是说"野蛮人"比欧洲人发展得慢，而是说欧洲人与"野蛮人"的发展方向不同，他们在生活方式以及由此产生的心理上存在着天壤之别。正是由于"野蛮人"在心理与文化上与欧洲人几乎毫无共同之处，因此，无论是欧洲人，还是"野蛮人"，他们都不可能被陌生的生活方式和精神习惯所完全同化。因为这对于双方而言都是不可能的事情，欧洲人很难成为"野蛮人"，同样，"野蛮人"也很难成为欧洲人，因此不能就此得出结论，谁比谁在自身发展上"高一些"或"低一些"。

目前我们所梳理出来的这些可以证明欧洲人优于"野蛮人"的"证据"，虽然也见于学术作品中，但仍是一些幼稚而肤浅的庸俗论断。在科学著作中流行的是另外一些证据，它们看起来要严肃、合理得多。然而，在更为严谨的研究之下，这些伪科学的论据就暴露出自我中心主义偏见的基础。科学家们通常认为，"野蛮人"的心理同孩童的心理相趋近。这种趋近是自然而然的，因为在直接观察"野蛮人"的情况下，他们确实给欧洲人留下一种成年孩童的印象。由此他们就得出结论，"野蛮人""终止了自己的发展"，他们理应站在成年的欧洲人之下。在这个问题上，欧洲学者再次表现出其缺少客观性。他们完全忽视了这样一个事实，即在欧洲人与"野蛮人"的接触中，"成年孩童"的印象应该是双向的，也就是说，"野蛮人"也同样把欧洲人看作成年的孩童。从心理学上来看，这个事实是相当有趣的。自然，如果要想对此做出解释，需要考虑的是，欧洲人想要用"野蛮人"这个词表达什么？这个词的本质是什么？如上所述，欧洲科学家把在文化与心理上同现代罗马－日耳曼文化区别最大的民族称为"野蛮人"。我们正是需要从这一点出发去寻找上述心理谜团的谜底。需要指出以下几点。

其一，每个人的心理都由先天的与后天习得的要素构成。

其二，在先天的心理特征中需要区分出个体的、家庭的、部族的、种族的、人类的、哺乳动物的和动物的特征。

其三，后天习得的特征取决于该主体所处的环境、他的家庭和社会群体的传统以及他的民族文化。

其四，在童年时期的最早阶段，整个心理完全是由先天要素构成的；随着时间的推移不断有后天习得的要素加入其中，所占比例也在不断扩大；与此同时，某些先天特征会因此消解甚至完全消失。

其五，我们只能理解和发现每个人在心理上同我们相同的那些特征。

由上述几点可以看出，如果两个人来自完全相同的环境，并受到完全相同的文化传统的熏陶，当他们相遇时，他们能够理解彼此几乎全部的心理特征（除去一些先天的个人特征之外），因为这些心理特征都是他们所共有的。但如果这两个人属于两种完全不同的文化，并且这两种文化之间毫无相似之处，那么，当这两个人相遇时，一个人只能在另一个人身上发现并理解一些先天的心理特征，却不能理解甚至可能完全没有注意到后天习得的特征，因为这两个人在后天习得方面毫无共同之处。观察者与被观察者之间的文化差异越大，前者所能理解的后者在后天习得的心理特征就越少，观察者就越觉得，被观察者的心理完全是由先天特征所构成的。但先天特征多于后天习得特征的心理总是给人留下原始的印象。任何一种心理都像某个分数，分母是被我们的知觉所掌握的全部先天特征，而分子是后天习得的所有特征：分数越小（也即分子比分母越小），这种心理就显得越原始。从上面的第三点和第五点可以看出，分数越小，被观察者的义化和社会环境与观察者的文化和社会环境差别也就越大。

换言之，从实质上来讲，由于"野蛮人"是在文化和风俗上同现代欧洲人差别最大的民族，因此，他们的心理在欧洲人看来自然是完全原始的。但如上所述，这种印象应该是相互的。把"野蛮人"看作"成年的孩童"的观念是建立在这种视错觉的基础之上的。我们只能理解"野蛮人"心理中的那些先天特征，因为只有这些特征才是我们与他们所共有的（参见上述第五点），而那些后天习得的心理特征对于我们而言是完全陌生和不可理解的，因为它们是建立在"野蛮人"的文化传统之上的（参见上述第三点），而这些文化传统与我们的文化传统是完全不同的；因为在孩童的心理中，先天特征占优势，后天习得的特征几乎消失（参见上述第四点），因此，"野蛮人"在我们看来才像孩子一样。另一种情况也对这种观念产生了影响。如果我们拿两个孩子的心理进行比较，也就是拿年幼的"野蛮人"和年幼的欧洲人进行比较，那么，我们会发现，这两个孩子在心理层面上要比他们的父辈相互接近得多。他们尚没有后天习得的心理特征，这些特征出现得较晚，但他们在心理上有许多共性因素，这些因素是为人类、哺乳动物和动物所共有的心理因素，而由种族、部落、家庭和个人的心理特征所造成的差别并不是那么大。随着时间的推移，这些先天特征的某个部分会被后天获得的特征所取代或改变，而其他部分会原封不动地保留下来。但两者心理上发生变化的部分是不同的。"野蛮人"失去了 A，但保留下来了 B 和 C，但欧洲人失去了 B，保留下来了 A 和 C，而且"野蛮人"获得了后天特征 D，欧洲人获得了后天特征 E。当成年欧洲人与成年"野蛮人"相遇时，欧洲人在"野蛮人"的心理上找到了 B、C、D 部分。其中的 D 对于欧洲人而言是完全陌生和不可理解的，因为"野蛮人"心理的这个部分是后天习得的，同"野蛮人"的文化相关，但"野蛮人"的文化同欧洲文化却没有丝毫共同之处。C 部分是成年"野蛮人"和成年欧洲人所共有的，因此它是能被后者所理解的。关于 B 部分，它在成年欧洲人的心理上是没有的，但欧洲人记得，这个部分在他的幼年时期是存在过的，而且时至今日仍可以在自己民族的孩子的心理中发现它。因此，在欧洲人看来，"野蛮人"的心理必然是成年人心理的原始因素同孩子心理特征的混合物。毫无疑问，在"野蛮人"看来，欧洲人的心理也应该是这样的，理由也是相同的。

我们刚刚提到的"视错觉"还是另一种现象的原因，即欧洲人可以在"野蛮人"的心理和动物心理之间找到共同点。上面我们提到，在心理层面上，年幼的"野蛮人"同年幼的欧洲人之间差异不大。如果在这两个人类幼体之上再加入一个动物幼崽，那么，我们将不得不承认，在这三个存在物之间又有某种共同的东西，那就是全部哺乳动物和动物共同的心理特征。这些特征也许并不是很多，但它们还是存在的，假设它们是元素 x、y、z。在后期的发展中，年幼的欧洲人失去了 x，年幼的"野蛮人"失去了 y，但动物却既保留了 x，也保留了 y 和 z。但以上三者所保留下来的那些动物的心理特征当然不是一成不变的，它们与这些存在物在幼年时所具有的形式并不相同，因为成年动物的心理因素总是明显地不同于幼年动物，尽管前者是从后者发展而来。与此相应，x、y、z 在成年动物那里就表现为 x′、y′、z′ 的形式，元素 y、z 在欧洲人那里表现为 y′、z′ 的形式，x、z 在成年"野蛮人"那里表现为 x′、z′ 的形式。当成年欧洲人观察成年"野蛮人"的时候，他会在"野蛮人"那里发现 x′ 特征。他会怎样解释这个特征呢？在他自己的心理上是没有这个特征的。在自己部族儿童的心理上有这个特征，然而是另一种形式，即表现为 x 的形式。但欧洲人却可以在成年动物的心理上直接找到 x′，因此，欧洲人自然把这个特征看作"动物的"特征。由于它是"野蛮人"的心理特征，所以，欧洲人把后者看作在其自身发展中最接近动物的人类。当然，所有这些也同样适用于"野蛮人"。当"野蛮人"在欧洲人那里发现了心理特征 y′ 时，这在他的心理中并不存在，但他却在动物身上看到了这个特征，那么，"野蛮人"完全会像欧洲人解释"野蛮人"心理中的 x′ 特征一样，来解释欧洲人的特征 y′。

上述一切向我们说明，来自不同部族的人们相互之间是如何获得直接印象的，而且这两个部族之间文化的差异是最大化的。一方在另一方身上只能看见并理解共同的东西，也就是说，那些先天的心理特征，并就此认为，被观察者的心理必然完全是原始的。当观察者在被观察者身上发现一些特征，这些特征是他自己在童年时代所熟悉的、但后来消失了的特征，他就会因此认为，被观察者是在自己的发展之路中停滞不前的人。这些人虽然已经成年，但还具有儿童的心理特征。进一步来说，在观察者看来，被观察者的某些特征同动物的心理接近。至于被观察者心理上的那些非原始特征，也就是后天获得的那些特征，它们是与文化相关的，而这种文化是观察者所不熟悉的，所以对于观察者来说，这些特征是完全不能理解的，似乎是某种荒唐、古怪的东西。原始、幼稚和不能理解的奇怪感，所有这些叠加起来，使那个来自完全陌生文化的人变成了某种荒谬的存在物，形成或者丑陋，或者滑稽的形象。这种印象完全是相互的。当两个文化背景完全不同的人相遇时，他们留给彼此的印象都是可笑的、丑陋的，一言以蔽之，是"野蛮的"。我们知道，欧洲人在看到"野蛮人"时所体会到的正是这种感受，但我们也知道，当"野蛮人"看到欧洲人时，他们或者感到害怕，或者会对欧洲人的每一个表现都报以哄堂大笑。

因此，那些关于"野蛮人"原始心理的观念，以及其与儿童心理和动物心理相似的观念，都建立在视错觉的基础之上。这种视错觉不仅在对待"野蛮人"问题上，即对待那些在自身文化上与现代罗马－日耳曼文化差异最大的民族上发挥作用，而且在对待所有其他非罗马－日耳曼民族的问题上也是发挥作用的。差别只是程度不同而已。当我们观察那些"非我族类"文化的代表时，我们只能理解其后天获得的心理特征中的一部分，即那些**我们**也具有的特征。换言之，这些特征与文化要素相关，后者是我们和"非我族类"文化的代表所共有的。但其他后天获得的心理特征建立在那个民族文化的其他方面之上，我们在自己的文化中找不到与这些方面相对应的东西，因此，我们不能理解这些特征。至于先天的心理要素，对我们而言，它们几乎全部是可以理解的，而且它们中的一些在我们看来似乎是儿童的心理特征。正是我们几乎能够完全理解被观察民族的先天心理特征，而对于后天获得的心理特征，我们只能根据该民族的文化同我们文化的相似程度来理解它们，因此，我们总是不能正确理解该民族心理的先天与后天方面，总是偏向于先天方面，而且这种偏移会随着该民族与自我民族文化之间差异的增大而增大。因此，自然而然地，如果某个民族的文化同我们的文化不同，那么，其心理在我们看来总是比我们自己的心理更加原始。

顺便说一下，我们发现，这种对于他者心理的评价不仅存在于两个民族之间，而且存在于同一个民族的不同社会群体之间。但前提是这个民族的社会差异很大或其上层接受了外来文化。许多俄罗斯知识分子、医生、军官、护士在同"普罗大众"接触后，都把他们称作"成年的儿童"。从另一方面来说，根据"普罗大众"的说法，他们也在这些"老爷"那里看到了明显的古怪之处和幼稚的、半大孩子的心理特征。

尽管欧洲人关于"野蛮人"心理的观念建立在视错觉的基础之上，但这个观念仍在欧洲人种学、人类学和文化史等所有伪科学的建构中发挥着最为核心的作用。这个观念对上述科学的方法论所产生的主要后果可以归结为，它使罗马－日耳曼学者可以把地球上互不相同的民族整合到一起，并冠以同样的"野蛮人""尚未完全开化的"或"原始民族"的名称。①
如上所述，被冠以这种称呼的民族都是在文化层面上
与现代罗马－日耳曼文化差异最大的民族。这就是
所有这类民族唯一的共性特征。这个特征纯粹是主观
的，并且是否定性的。但因为它产生了视错觉，并且
在此基础之上，它还形成了欧洲人对所有这些民族心
理的基本评价，欧洲人就把自己的评价当作以上民族
客观和肯定的心理特征，并把所有与现代罗马－日
耳曼文化上同等疏远的民族整合到同一个"原始"类
别中。因此，那些实际上完全不同的民族（例如因纽
特人和黑人）就被划分到同一个类别中。但欧洲学者
并不考虑这个问题。在他们看来，不同"原始民族"
之间的差异是由其各自的文化特性造成的，这些民族
的文化与罗马－日耳曼文化是同等疏远的，这些文
化对于欧洲人而言是同样陌生和不可理解的，因此，
欧洲学者忽略了"原始民族"之间的差异，把它们视
为不太重要的次要特征。实际上，欧洲科学界在处理
这个民族群体和"原始民族"这个概念时，毫不犹豫

---

① 当代术语是"进步民族"和"落后民族"。

地主要根据上述这种主观和否定的心理特征，就如同在处理一个完全实在和同一的庞然大物一样。这就是自我中心主义心理在欧洲进化论中的力量所在。

可以证明罗马－日耳曼文明比地球上的所有其他文化优越的另外一个论据，也是建立在同一个视错觉和与之相关的分类习惯之上。这种习惯把不同民族按照与现代罗马－日耳曼文化的相似程度进行分类。在欧洲，这个被称为"历史的"论据是最有力的，文化史学家尤其喜欢引用它。这个论据的实质在于，现代欧洲人的祖先最初也是"野蛮人"，现代的"野蛮人"至今仍停留在那个发展阶段上，而欧洲人早已跨越了这个阶段。考古学发现和古代历史学家的记载都证实了这种说法。这些证据表明，在所有典型特征上，现代罗马－日耳曼人古老祖先的风俗都与现代"野蛮人"的风俗不同。

只要我们想到"野蛮人"或"原始民族"等概念是虚假的，那么，这个论据的虚假性就变得显而易见。正是这些概念把地球上最互不相同的民族划分到一起，划分的标准仅是他们与现代罗马－日耳曼人差异最大。

　　同所有文化一样，欧洲文化也在不断变化，并经过长期演化才逐渐形成了自己的现代形态。在不同的历史时期，这个文化也不完全相同。因此，自然地，与较为久远的时期相比，在越接近现代的时期，欧洲人的文化也就与它的现代形态越接近。在最为久远的时期，欧洲各民族的文化与现代"文明"差异最大。在这些历史时期，欧洲人祖先的文化表现出与现代性最大的差异。但欧洲学者不加区分地把所有同现代欧洲文明差异最大的文化都划分到共同的"原始"类别中。因此，现代罗马－日耳曼人古老祖先的文化也理应被划入同一类别中。由此不可能得出任何肯定的结论。由于"原始文化"是个否定的概念，欧洲学者不仅把形容词"原始的"用于罗马－日耳曼人最古老祖先的文化上，也用于现代因纽特人和黑人的文化上。但这个事实还不能说明所有这些文化是彼此等值的，而只能说明它们与现代欧洲文明一样的不同。

　　我们认为，在这里提及另外一个欧洲科学界关于"野蛮人"学说的细节是恰当的。它与刚刚梳理过的"历史论据"紧密联系在一起。从总体上而言，欧洲人很少会深入某个现代"野蛮"部落的历史之中，即使在这种情况下，他们也始终认为，在整个历史时期中，这个部落的文化或者完全没有改变过，或者"后退"了。在后一种情形下，现代的"野蛮人"是曾经处于"较高发展阶段"的民族退步和逐渐野蛮化的结果。这仍然完全取决于同一种视错觉和自我中心主义的偏见。最好使用图示来说明这种关于"野蛮人"历史观念的起源。假设有一个圆圈，它的中心（A 点）是现代欧洲文化。这个圆圈的半径表示该点与现代罗马－日耳曼文化差异最大。因此，任何一个现代"野蛮"部落的文化都可以使用圆周上的 B 点来表示。现在，"野蛮人"的文化就处在这个点上。但这个文化在过去曾经表现为另外一种形态，因此，这个文化早期的历史形态应该用 C 点来表示。C 点与 B 点并不重合。那么，C 点应该在哪里呢？可能有以下三种情况。

第一种情况是，C 点可以位于圆周的任何除 B 点以外的位置。在这种情况下，按照定律，A 点与 C 点之间的距离同 A 点与 B 点的距离相等（见图 1）。换言之，在过去的历史时期内，这个"野蛮人"的文化与现代欧洲文化差异最大。由于欧洲学界把与欧洲文明差异最大的文化都不加区分地全部归入"原始文

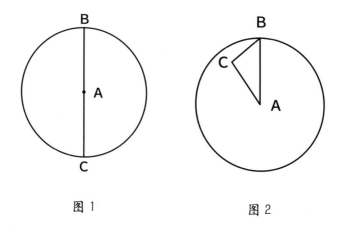

图 1   图 2

化"中，因此，欧洲学者在这种情况下没有觉察到任何进步，而只看到了不变和停滞，似乎 C 点与 B 点之间的弧线并不长。这条弧线显示着这个"野蛮人"的文化在这段历史时期内所经过的发展历程。

第二种情况是 C 点位于圆圈内部。在这种情况下，A 点与 C 点之间的距离比 A 点与 B 点的距离短（见图 2），换言之，"野蛮人"的文化有所发展，但发展的方向是远离表示欧洲文化的 A 点。显然，在把自己的文明视为地球上最完善文明的欧洲学者眼中，这种发展只能被称为"后退""衰落""野蛮化"。

第三种情况是 C 点位于圆圈之外。在这种情况下，

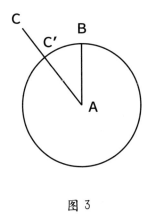

图 3

A 点与 C 点之间的距离比 A 点与 B 点的距离要大（见图 3），也就是说，古代"野蛮人"的文化比其他文化与现代罗马－日耳曼文化之间的最大距离还要大。正因为这个距离比最大距离还要大，因此，人类的理智和感觉不能把握它。欧洲人的视野（它处于这些图形的 A 点上）局限在我们所画圆圈的范围之内，因此，对他而言，所有处在这个圆圈之外的东西已经没有区别了。因此，欧洲人自然会把 C 点投射到圆周上来，是为 C′点，第三种情况就变成了第一种情况，即"野蛮人"的文化不变或停滞了。

欧洲人评价其他民族的历史与评价"野蛮人"的

历史如出一辙。这些民族的文化同现代罗马－日耳曼文化都或多或少有些区别。严格来讲，真正的"进步"只存在于罗马－日耳曼自己的文化历史之中，因为在这个历史进程中，罗马－日耳曼文化自然要持续且逐步地接近其现代形态，而这种形态被随心所欲地宣扬为最完善的。至于非罗马－日耳曼民族的历史，如果它最终没有被欧洲文化所同化，那么，如上所述，欧洲学者会无一例外地把这个民族历史的所有近代阶段都视为停滞或衰退的时代。只有当某个非罗马－日耳曼民族抛弃了自己的民族文化，并开始盲目模仿欧洲人的时候，罗马－日耳曼的学者们才会心满意足地指出，这个民族"走上了人类普遍共同进步的道路"。

因此，事实上，在欧洲人眼中最有分量和说服力的"历史论据"，与其他证明欧洲人比"野蛮人"优越的论据一样是不充分的。可能许多人会觉得，我们是在诡辩或玩概念游戏。许多人会反驳，尽管我们的论断无懈可击，但欧洲人比"野蛮人"优越依然是不容置疑的、客观和自明的真理。正因如此，它才不能被证实：公理是不能被证明的，我们直觉的事实也不能被证明，例如，我们不能证明这样一个事实，那就是我正在书写的这张纸是白色的。但是，当且仅当自明性是客观的时候，它才不需要被证实。我可以主观地认为，自己在各个方面都比我的熟人 N 要出色和睿智得多，这一点对于我而言是不证自明的，但因为这一点无论对于 N 自身，还是对于其他众多熟悉 N 的人来说都不是不证自明的，因此，我不能把它看作客观的。然而，欧洲人比"野蛮人"优越的问题恰恰就具有这种特点。不要忘记，只有欧洲人自己，即罗马人、日耳曼人，或那些虽不属于他们种族却被他们的威望所催眠并完全受其控制的人们才想要解决这个问题。如果对于这些"法官"而言，罗马－日耳曼人的优越性是不证自明的，那么，这种自明性就不是客观的，而是主观的，因此，仍然需要客观的证据来证明它。但这种证据是不存在的：上述论证已经充分且明确地证实了这一点。

于是有人说，请把有教养的欧洲人的学识同某个"野蛮人"的学识进行对比，难道前者比后者的优越不是显而易见的吗？然而，我们一直在强调的是，这里的自明性只是主观上的。只要我们费点儿力气去正直而公正地审视事情，那么，这里的自明性就会分崩离析。一个"野蛮人",一个优秀的"野蛮人"——捕猎者,他具有被自己族人所认同的所有品质(而只有这样的"野蛮人"才能同真正有教养的欧洲人相提并论),他也一定掌握着所有可能知识的巨大宝库。他完全学会了如何在自己周围的大自然中生活,通晓各种动物的习性,甚至它们行为中的那些细微之处。而这些即使是欧洲最细心的自然学家也可能会忽视。所有这些知识都被保存在"野蛮人"的头脑中,而且绝不是杂乱无章的一团糟。这些知识是系统化的,实际上,它们并不是按照欧洲学者所惯用的分类方式,而是按照另一种最适合狩猎生活实际用途的方式被组织起来的。除了这些实用的科学知识,在"野蛮人"的头脑中还经常有许多相当复杂的部落神话、道德经典、礼仪规范和规定(有时也是相当复杂的),或多或少还有一些自己民族的口头文学作品。总而言之,尽管"野蛮人"与欧洲人头脑中的东西不同,但它基本上也是"充实的"。正因为"野蛮人"与欧洲人精神生活的材料不同,所以,应该承认他们的学识之间并不具有可比性和进行相互参照的可能性。进一步来说,应该承认,一个民族比另一个民族优越的问题是不可解的。

　　还有人指出，欧洲文化在很多方面都比"野蛮人"的文化要复杂。然而，在某些方面，这两种文化之间的相互关系却并非始终如此。有教养的欧洲人以自己考究的举止和彬彬有礼为荣。但毫无疑问的是，许多"野蛮人"的礼仪规范与社会生活要求要比欧洲人繁复而细致得多。在欧洲，只有上层社会的人才必须举止优雅，但在"野蛮"部落中，所有人都要无一例外地遵守良好举止的规定。且不说这些，仅在仪表方面，"野蛮人"通常要比许多欧洲人表现出更多的关注。比如，澳大利亚土著人和波利尼西亚人复杂的文身技巧，或者非洲女性最为复杂的发型。如果所有这些复杂的东西还可以被视为不合理的古怪行为，但在一些"野蛮人"的生活中无疑存在一些合理的制度。它们比同类的欧洲制度要复杂得多，比如在两性生活、家庭及婚姻权利方面。罗马－日耳曼文明在解决这个问题时表现得多么肤浅啊！一夫一妻制的家庭冠冕堂皇存在着，并受到法律的保护，但与之相伴的却是肆无忌惮的放浪形骸。虽然从理论上来说，这种放荡行为应受到社会和国家的谴责，但实际上它却是被允许的。请把它同澳大利亚土著人的群婚制做详细的对比。在澳大利亚土著人那里，两性生活有着最为严格的规定，他们虽然没有个体婚姻，却采取各种措施来保障种族的延续和防止乱伦的发生。

一般来说，复杂程度的高低根本不能说明文化的完善程度。进化过程既经常走向简单，也可能走向复杂。因此，复杂程度无论如何都不能成为衡量进步的标准。欧洲人非常清楚这一点，但他们只有在符合自我吹嘘目的之时才使用这一标准。当其他民族、比如那个"野蛮人"民族的文化在某个方面表现得比欧洲文化复杂的时候，欧洲人不仅不把这种高度的复杂性看作进步的标准，反而把它说成是"原始性"的特征。欧洲学界就是这样解释以上那些情况的："野蛮人"繁复的礼节，他们对于修饰身体的关注，甚至澳大利亚人群婚制的巧妙设置——所有这些都是文化发展水平低的表现。我们注意到，欧洲人在这时全然不去考虑自己最钟爱的"历史证据"（我们在上文中提到过的）：我们在高卢人和日耳曼人（甚至罗马人自己）的古代历史中找不到哪怕一个瞬间，可以体现以上这些"野蛮人"原始生活的任何方面。罗马－日耳曼人的祖先们对精致的身体修饰、文身或者难以想象的复杂发型都不曾有任何概念。与现代的德国人和美国人相比，他们更不在意礼貌和"举止"，组建家庭的模式自古以来就一成不变。当历史证据的逻辑推演不能为欧洲文明辩护的时候，欧洲人便不再考虑历史证据。尽管在"野蛮人"那里也可以遇到许多被欧洲人视为文明和进步登峰造极的东西，但这在"野蛮人"那里就是极端原始的象征。欧洲人创作的未来主义绘画象征着最精致的美学品位，但与之完全相似的"野蛮人"的作品却被视为幼稚的尝试和原始艺术的首次萌发。当现代欧洲人宣传社会主义、共产主义和无政府主义时，所有这些就是"即将到来的更加进步的光辉理念"。但同样这些理念在"野蛮人"的风俗中已经实现的时候，它们立刻就变成了原始野蛮性的表现。

能够证明欧洲人比"野蛮人"优越的客观证据并不存在，也不可能存在。这是因为在比较各种不同文化时，欧洲人只知道一种标准：那些与我们相似的东西要比所有与我们不相似的东西更好、更完善。

但如果欧洲人并不比"野蛮人"优越，那么，我们在本章开头部分提到的那个进化阶梯就应当遭受批判。如果这个阶梯的顶端并不比它的底部更高，那么，很显然，它也不比其他位于它自身和底部之间的另外一些台阶更高。拆除阶梯后我们看到的将是水平面。如果我们不再根据进化程度不同的原则对不同民族和文化进行排序，我们将会发现地球上所有民族和文化间的新原则——等值原则和不可通约性原则。我们应该永久地把"评价"这个要素从民族学和文化史中驱逐出去，甚至从所有的进化论科学中驱逐出去，因为评价总是建立在自我中心主义的基础之上。没有孰高孰低之分，只有相似与不同。把那些与自己相似的说成高级的，而把那些不与自己相似的说成低级的——这是任性的、不科学的、幼稚的，归根结底，简直是愚蠢的表现。只有完全摆脱这种深深扎根在欧洲进化论科学中的自我中心主义偏见，以及由此带来的方法论和结论，包括民族学、人类学和文化史等在内的欧洲的进化论科学才能成为真正的科学学科。在此之前的最好情况是，欧洲的进化论充当着愚弄百姓的工具，并在罗马－日耳曼人及其"同谋"面前，为帝国殖民主义政策，以及欧洲及美国等"伟大强国"野蛮的文化侵略行径进行辩护。

因此，针对我们上面所提出的第一个问题："是否可以客观地论证罗马－日耳曼人的文化比其他所有文化都要完善，无论是现存的还是曾经存在过的？"我们不得不予以否定回答。

III

现在，让我们尝试着回答这个问题，即一个民族是否能够完全被异族文化所同化。这里所说的"完全同化"当然是指，一个民族在吸收了异族文化之后，把它变成了自己的文化，使它在自己民族中的发展同它在本土上的发展完全平行，因此，文化的创造者和它的引入者就在同一种文化的整体中相互融合了。

为了回答以这种方式提出来的问题，当然需要知道生活法则和文化发展的规律。然而，欧洲学界对这个领域几乎是一无所知。如上所述，由于受到自我中心主义偏见的影响，所有的欧洲进化论科学都已误入歧途，因此，时至今日，社会学既不能提出任何客观的科学方法，更不能得出令人信服的哪怕一丁点儿结论，而只是停留在炼金术的发展水平上。虽然可以在个别欧洲社会学家那里发现某种正确的方法论观念（这些观念本应被社会学所采用），发现某些关于社会现象的机制或动力的真正本质的正确看法，但即使是提出这些观念和看法的社会学家本人也从未彻底贯彻过自己的方法论原则，反而仍会陷入以自我中心主义为基础来概括"人类"的发展。诸如"人类""进步""原始性"等虚假的基本概念引发了欧洲学界操之过急概括的狂热，这种概括又总是不正确的。这种狂热表现在所有社会学家身上，这尤其会妨碍运用他们的结论。19世纪欧洲最伟大的社会学家（遗憾的是，他在欧洲相对默默无闻，也没有获得公正的评价）、法国学者塔尔德[①]在社会进程性质的整体观念和社会学方法上要比其他人更加接近真理。但即使是这位睿智的研究者也醉心于概括的狂热。他也试图在分析社会生活构成要素的基础上立刻得出"人类"进化的整体图景。塔尔德与所有欧洲人一样，备受自我中心主义偏见的折磨，因此，他不能坚持民族和文化的等值

---

① 塔尔德（Jean Gabriel Tarde, 1843—1904）：法国社会学家、犯罪学家，心理法学派的主要代表人物之一。——译者注

和不可通约性立场，他不能换一种方式来思考"人类"，而只能把它理解为严格的统一整体，它的各个组成分布在进化阶梯的不同位置上，最后，他也不能同"人类普遍的"或"世界的进步"等概念决裂。因此，虽然我们可以在塔尔德的社会学理论中找到一系列重要的观点，然而，我们还是不得不做出一些相当实质性的修改。我们将从这个社会学体系出发来解决上面所提出的问题。

任何一种文化的存在与发展都是由不断出现的新的文化价值组成的。我们所说的"文化价值"是指任何一种合理的人类创造，是人类群体的共同成就：这可能是法律规范，或者是艺术作品，抑或是某种创制，或是某种技术应用，或是科学与哲学原理——总之，所有这些东西都要满足特定的物质或精神需求，抑或是因满足了这些需求而被该民族的全体或部分成员所接受。我们可以使用一个共同的名称"发明"（invention，塔尔德的术语）来命名每一种新出现的文化价值。每一种"发明"自身都表现为，或者是既有的两种或多种文化价值的组合，或者是这些文化价值不同要素的组合，但与此同时，新的发明并非与它的组成部分完全重合,而始终包含着一些附加的东西:首先是自我组合的能力;其次是创造者本人的个性印记。"发明"一旦出现,它便可以通过模仿(imitation,也是塔尔德的术语)的方式在其他人中间传播开来。同时,我们需要在最宽泛的意义上来理解"模仿"这个词,它可以指文化价值本身的再生产,也可以指再现通过这个文化价值来满足需求的方式,还可以指"好感的模仿",即认同新建立起来的规范,掌握该项约定,并把它视为真理,或者是折服于这个"发明"所取得的成就。在模仿这个新事物的过程中,可能会遭遇其他一些文化价值,或那些在过去已经被接受的文化价值。当两者发生冲突时,它们之间通常会展开一场争取优胜(塔尔德的"duel logique",逻辑之争)的斗争,其结果总是两者中的一种为另一种所取代。新"发明"只有在克服了所有这些障碍,并通过复制的方式在社会整体中传播开来的时候,才逐渐成为真实的社会生活和文化的要素。在文化发展的每一刻,它都表现为那些被该民族当代和过去各代人们所接受的发明的总和。因此,文化的发展和存在就可以归结为两个基本过程:发明(invention)和传播(propagation)。

在传播的过程中，它又伴随着并非必要但几乎不可避免的为争取承认（duel logique）的斗争。显而易见，在这两种基本过程之间存在着其他共同之处：由于新的发明总是由以前的发明所激发，或者最好说是由既有的文化价值所激发的，因此，它可以被看作综合的模仿，或者按照塔尔德的说法，它是两种或多种模仿浪潮（ondes irnitatives）在个体意识中的碰撞。两者的区别仅在于，在发明的过程中，当各种价值相遇时，它们之间并没有发生争取优胜的斗争。这是从这个词的狭义上来说的，也就是说，在这些价值中没有一种会替代另一种，而恰恰相反，所有这些价值被综合起来，整合为一个统一的整体。但在传播的过程中，价值的相遇并不能创造新的东西，而只是淘汰掉竞争双方中的一方而已。因此，无论是发明还是传播，都可以被视为同一个模仿（imitation）过程的两个方面。塔尔德学说的特点就在于，他只把发生在个体头脑中的那些模仿的基本心理过程看作社会生活的要素。但与此同时，在模仿过程中，在单独的个体与其他个体之间也建立了联系，因此，模仿过程就不单纯地只与个体心理相关，而且也同主体间心理（interpsychologie）

相关。

现在，我们试图明确地设想那些必要条件，它们可以保证发明的不断出现，换言之，它们是为了实现文化发展所需的必要条件。首先，必需的条件是在该文化环境中能够意识到各种文化价值总和的存在，这些文化价值是已经被创造出来并且经过了斗争阶段。第一，根据"不能无中生有"的原则，如上所述，任何一种新的发明都是由既有文化价值的要素构成的。第二，每一种新发明在满足已知需求的同时，还能激发起新的需求，或者改变既有的需求形式，这就使寻找满足这些新需求的新途径成为必需。因此，在新发明和既有的共同文化价值之间建立紧密联系就是完全必要的。为了使文化能够进一步发展，这些共同的文化价值，或称为文化财产，应该通过传统来代代相传，也就是说，年轻一代应该通过模仿父辈来掌握这种文化，这既是父辈们在其中成长起来的文化，也是他自己这代人从前辈那里接受来的文化。对于每一代人来说，通过传统方式获得的文化都是进一步发明的起点，而这种状况是文化得以持续和有机发展的必要条件之一。第三，除了传统，在文化发展中发挥最重要作用的还有遗传（这是塔尔德未曾给予充分重视的因素）。遗传是传统的补充，正是通过它，那些曾在过去创造了文化价值的人们的品位、禀赋和气质才得以代代相传，这又进一步促进了整个文化的有机发展。整体而言，以上这些条件也构成了保证发明得以传播（propagation des inventions）的必要条件，这是文化发展的另外一个同样重要的部分。共同文化价值的存在是必要的，这是因为它可以明确发明必须满足的那些需求。然而，只有当某种需求在生活中显现出来，而且以一种完全一致的方式显现出来，即在发明者那里怎样显现，在社会上就怎样显现的时候，发明才能流行起来。进一步来说，发明的成功传播在很大程度上取决于社会意识是否做好了接受它的准备，即构成发明的要素是否已经存在于社会意识之中。然而，我们知道，每一种新发明的要素都是从共同文化价值中获得的，因此，发明者和模仿者具有共同的文化价值是发明得以传播的必要条件。但对于发明的传播来说，仅有共同的文化价值本身还是不充分的。更为重要的是，在社会意识和发明者的意识中，所有这些价值及其要素的排列方式要基本一致，它们之间的相互关系也要基本相同。而这种情形只有在同一种传统的情况之下才能实现。最后，为了使这种发明能够被社会全体或大部分成员接受，发明者的品位、禀赋和气质就不能同该社会的心理建构相抵触，这就需要统一的遗传。

在完成了这些普通社会学领域的前期讨论之后，我们可以开始解决令我们感兴趣的问题了，即关于整个民族能否为异族文化所完全同化的问题。假设有两个民族——民族 A 和民族 B，它们每一个都有自己的文化（因为在上述意义上，任何一个没有文化的民族都是难以想象的），而且这两种文化是不同的。现在，假设民族 A 正在引入民族 B 的文化。我们需要知道，这种文化在民族 A 的土壤中是否能够像在民族 B 的土壤中一样，朝着相同的方向、以相同的精神和相同的速度进一步发展呢？如上所述，要想实现这一点，民族 A 必须在引入民族 B 的文化后，获得与民族 B 相同的共同文化价值、相同的传统和相同的遗传性。但无论是第一个，还是第二个，抑或是第三个都是不可能的。即使民族 A 从民族 B 那里直接引入了整个文化财产，两个民族之间共同的文化价值也不可能完全重合。这是因为在民族 A 引入民族 B 的文化财产时，尤其在最初的阶段，民族 A 过去的文化财产在民族 B 这里是没有的。在民族 A 引入民族 B 文化的最初一段时间内，无论它怎样努力地想从记忆中根除自己民族的文化残余，这些过去的文化残余将始终存在。正因如此，民族 A 的传统才与民族 B 的完全不同。最后，在没有经过人类学意义上的相互混合的情况下，相同的遗传性也是不可能被移植的。即使在民族混合的情况下，民族 A 和民族 B 的混合体的遗传性也将与单纯民族 B 的遗传性不同。因此，在民族 B 的文化被引入后的最初一段时间里，它在民族 A 的土壤中的生存条件与在本土，即民族 B 中的生存条件完全不同。

把文化引入新土壤中的最初阶段对于它的进一步发展来说是决定性的。在这个过程中，有机传统的缺失将发挥最为关键性的作用。民族 B 从童年时期起就开始吸收和掌握一整套自己民族的文化要素。而民族 A 只有到了成年时期才能掌握所有这些要素。在民族 B 中，家庭成为天然的传统领路人。而在民族 A 中，家庭最初并不能向正在成长的一代传递纯粹的新文化传统。这种传统不得不通过学校，或者其他一些或多或少人为的团体来进行传播，比如军队和工厂等。然而，年轻一代在从这些渠道中获得新的、外来文化传统的同时，他们也保留着原有的民族文化传统。这些从家庭中获得的民族文化传统，甚至会在稍晚时被家庭的权威所强化。当然，年轻一代会把这两种传统结合起来，并用两种不同文化的观念构建出某种混合物。尽管这种创造不可避免地会受到模仿周围人的影响，但这种混合物主要出现在每个个体的意识中。从总体上来看，每个人所获得的混合物都是不同的，而且它们之间的差异也是相当大的。这取决于每个独立主体的个人经历。当然，具有相似经历的人就会获得差异不那么显著的混合物。无论如何，当我们所说的这代年轻人，从传统接受者的角色转变为传承者的角色时，他们传递给自己下一代的就不再是纯粹的、民族 B 的文化传统，而是民族 A 和民族 B 的传统混合物。再下一代的年轻人在从学校和其他类似渠道中获得或多或少较为纯粹的民族 B 文化的同时，他们也会从家庭、从与年长一代人的自由交往中获得上面所提到的民族 A 与民族 B 的混合物。这代人自己也会从这些要素中加工出新的混合物来，并且把这种新的传统混合物传给他们之后的那一代，并以此往复。因此，民族 A 的文化将始终是民族 A 与民族 B 文化的混合物，但与此同时，在每一个文化交融的时刻，年长一代总比年轻的一代体现出更多的民族 A 的文化要素，家庭也比其他共同体更接近民族 A 的文化。然而，随着时间的推移，民族 A 文化的不同要素也会逐渐渗透到学校传递给年轻一代的传统中来，这种传统也因此成了混合的传统。因此，整个民族 A 的文化都是建立在两种文化传统的混合之上。这就意味着，在文化层面上，民族 A 和民族 B 文化的完全等同是无论如何都不能实现的。

如上所述，每一个发明都是由既有的文化价值要素构成的。那么，当下可能出现的发明总量就取决于该民族现有文化价值的总量。而如上所述，由于在共同文化价值方面，民族 A 和民族 B 之间永远不能完全等同，所以，在这两个民族中可能出现的发明数量显然也永远不会一致：换言之，文化的发展方向在创造了它的民族 A 那里与移植了它的民族 B 那里将是不同的。这里还需要补充的是，两个民族的品位、禀赋和气质也是不同的，这种区别是由它们不同的遗传性所决定的。最后，不同的地理条件和（例如着装的问题）种族类型也使得所有这些区别变得更加复杂。

因此，必须承认的是，要想使整个民族完全被另一个民族所创造的文化同化，这是不可能做到的事情。

到目前为止，这个结论在历史上找不到反例。只要稍加细致地研究事实就可以看出，在任何一个发生了类似的、完全被异族文化所同化的地方，这种同化或者只是看似如此，或者它是由于两个民族——缔造文化的民族和引入文化的民族——实现了种族混合。在历史上，被异族文化所同化的典型事件是希腊化和罗马化。然而，此类事件鲜有成功。众所周知，在希腊化国家中出现的正是古希腊文化与本土文化的混合物。包括古希腊语在内的希腊文化要素，只是充当了把所有混合文化连接起来的黏合剂；众所周知，在当时，异族文化的要素也渗透到希腊文化自身之中，因此，即使是希腊人自己也接受的是混合的文化。因此，这里并不曾有过"民族 B"——文化的缔造者，也不曾有过"民族 A"——这个文化的移植者，而只有民族 A、民族 B、民族 C 等，它们相互间引入不同的文化要素，彼此间处于完全互动的、活跃的文化交往之中。至于罗马化问题，需要指出以下两点。亚平宁半岛的罗马化不应被视为异族文化的同化过程，因为共和国时代的罗马文化与意大利其他城邦的文化并没有很大的差别。当时主导整个半岛的文化只有一个，它在不同地区表现出某些微不足道的特点，而罗马化就变成了拉丁文的普及，用拉丁文替代所有其他意大利方言。然而，被替代的大部分方言都是罗马方言的近亲。在罗马帝国稍偏远的省份，如高卢、西班牙、不列颠等，它们的罗马化具有稍微不同的特点。这些地区的民族文化与罗马文化存在着本质差别。但这里需要强调以下几点。首先，这些地区的罗马化进程持续了相当长的一段时间。最初，罗马人的活动仅限于修筑道路和管理驻军。驻军一开始全部由意大利士兵组成，后来才逐渐从当地居民中进行招募。在此之后，罗马人才开始在这些地区引入罗马的国家机构和罗马法律。在宗教方面，罗马人只要求崇拜罗马大帝，并没有强行引入其他罗马偶像。虽然罗马士兵把罗马诸神带到了这些地方，但仍能同当地的偶像崇拜和平相处。在物质文化方面，在很长一段时间内，当地的服装、住所、生产工具和地方性的"粗鄙"都保留了自己的独特性。随着与帝国其他省份和帝国本身之间频繁的商贸联系，这些地区的独特性才相当缓慢地消失。因此，罗马化地区的文化总是混合的。最后，即使到了帝国时代，罗马文化已经以这样或那样的方式传播到这些地区时，罗马文化自身也表现为十足多样的混合物，它由希腊－罗马世界各种文化的不同要素构成。由此出现的结果，不是不同民族为一个民族所创造的文化所同化，而是不同文化的折中和综合。罗马统治时代的终结表明，在罗马统治之下，当地的民族文化仍继续在大众群体中存在和发展着。在罗马统治末期，这些民族文化摆脱了帝国同一化的影响，上升到表层，并成为中世纪不同民族文化的开端。

这些事例表明，不应该把文化混合同被异族文化所同化等同起来。在没有经过种族融合的情况下，可能发生的只有文化混合，这是一条普遍法则。与之相反的是，只有在种族融合的情况下，文化同化才可能实现。举几个这样的例子，如喜克索人 ① 为古埃及文

---

① 喜克索人（Hyksos）：又译"希克索斯人"，指古埃及中王国

化所同化，瓦兰人和突厥－保加利亚人被斯拉夫文化所同化，等等，以及随后的普鲁士人、波兰人、卢日支人 ① 为德国文化所同化（在最后这种情况下，这种同化尚未完全完成）。

因此，对于我们上面所提出的第二个问题，即两个民族在没有经过种族融合的情况下，一个民族被另一个民族的文化完全同化是否可能？我们同样不得不给予否定的回答。

IV

第三个问题是：被欧洲文化所同化（在这种同化是可能的情况下）是福抑或是祸？需要明确区分这个问题与前面两个问题的结论。现在我们已经清楚：首先，从客观上来讲，罗马－日耳曼文化并不比任何

（接上页）时代末期大批来自迦南的西亚人。他们于公元前 17 世纪左右侵入古埃及，并在那里建立了第十五王朝。——译者注

① 卢日支人（Lusatians）：德国少数民族。捷克人、波兰人、俄罗斯人对索布人的称呼——译者注

其他文化更高级、更完善；其次，只有在种族混合的情况下，一个民族才可能被异族（文化的创造者）文化所完全同化。因此，我们的问题似乎应该只与这样一些民族相关，它们已经与罗马－日耳曼人完成了种族混合。然而，只要认真思考一下就可以发现，对于这些民族而言，我们的问题是完全没有意义的。实际上，自种族混合之时起，这里提到的那个民族就不再是纯粹的非罗马－日耳曼民族了。对于这个与罗马－日耳曼人相混合的民族而言，罗马－日耳曼文化变得与它自己的民族文化一样亲切。它需要在这两种同样亲切的文化中做出选择。我们知道，罗马－日耳曼文化虽然并不比任何其他文化优秀，但从本质上来说，它也不比其他文化逊色。这就意味着，这里提到的那个民族接受或不接受它大体上没有什么区别。事实上，这个民族即使接受了罗马－日耳曼文化，依然在自己的遗传性上与纯粹的罗马－日耳曼人不同。然而，即使它接受了另一种文化，它也不可能具有与这种文化相适应的遗传性。这是因为在它血管里流淌着部分罗马－日耳曼人的血液。因此，对于这些已经同罗马－日耳曼人完成种族混合的民族来说，讨论它们是否自愿或被迫西化这个问题是没有实质性意义的。至于其他任何一个尚未同罗马－日耳曼人发生种族混合的民族，如上所述，它是不可能被完全西化的，也就是说，它不可能被罗马－日耳曼文化所完全同化。

但我们也清楚，虽然这种同化是不可能实现的，但许多这类民族却在全力以赴地追求它，努力地去实现西化。我们的问题正是针对这样一些民族：我们应该指出，这类追求西化的行为会带来怎样的后果，并要确定这些后果是不是积极的，是不是该民族所期望的。

在前面证明一个民族不可能完全被另一个民族的文化所同化的时候，我们曾大致勾勒出了假想民族 A 的文化发展图式，即在它引入了民族 B 文化后的文化发展状况。现在，我们需要用民族 B 来表示罗马－日耳曼人，而用民族 A 来表示西化的非罗马－日耳曼人，并且需要指出，在这种情况下会出现哪些独特特征。我们曾指出，罗马－日耳曼人及其文化的主要特征是自我中心主义。罗马－日耳曼人把自己和同自己相同的一切视为高级的，而把与自己不同的一切视为低级的。

在文化方面，罗马－日耳曼人只承认那些构成其当代文化的要素或可能要素的价值，除此之外的所有文化要素都是毫无价值的。他们或者根据其他文化同自身文化的亲近和相似程度来给予评价。罗马－日耳曼人的这种心理特征也影响了那些已经西化的或正在寻求西化的民族。但这些民族并没有意识到，在这种心理的背后潜藏着真正的自我中心主义。它们并没有把自己放到欧洲人的位置上，恰恰相反，而是从罗马－日耳曼人的角度来评价一切，其中也包括对它们自身、自己的民族和自己的文化评价。与民族 A 引入民族 B 文化的普遍情况不同，这是西化过程中经常出现的独特之处。

如上所述，民族 A 的文化将始终表现为某种混合物。它由这个民族原有的民族文化要素（我们用 α 来表示这些要素）和从民族 B 那里移植来的文化要素（我们用 β 来表示它们）组成。民族 B 的文化却完全由同种要素 β 组成。由此得出的第一种情况是：民族 A 文化（这里我们所指的是西化的非罗马－日耳曼民族的文化）比民族 B 文化（这里是指罗马－

日耳曼文化）含有更多的文化价值要素。但我们知道，文化价值要素的总量决定着可能出现的发明总量：这就意味着，西化的非罗马－日耳曼民族可能比罗马－日耳曼人创造出更多的发明。从表面上来看，这种情形似乎对西化的非罗马－日耳曼民族有利。但事实并非如此。因为需要注意的是，可能出现的发明数量与真正实现的发明数量远不相等。大多数发明注定要灭亡，或者在新发明彼此间的斗争中，或者在与原有文化价值（它们与这些旧的文化价值相冲突）的相互斗争中走向灭亡。然而，这种为争取共同承认（塔尔德的术语"duel logique"）而进行的斗争越激烈和持久，可能出现的发明的数量就越少。由此可见，与天生的罗马－日耳曼人相比，西化民族从事文化活动的条件要不利得多。西化民族不得不在不同领域中进行探索，花费力气协调两种不同的文化要素，而这种协调往往变成了胎死腹中的尝试；它不得不在一大堆由两种文化构成的要素中挑选彼此适合的要素。而这时天生的罗马－日耳曼人正坚定地、轻车熟路地发展着自己的文化，他心无二致、集中精力来协调同一种文化的各个要素。这些要素完全是相同的，带有同一种为他所熟悉的民族色彩。

除此之外，还应考虑西化过程中经常出现的那种特点所带来的逻辑后果，我们在上面已经指出，这种特点与文化移植的普遍情况相比是较为特殊的。由于西化民族的文化是由价值要素 α（纯粹民族的）与 β（从罗马－日耳曼人那里移植过来的）组成，而且任何发明都由既有价值要素构成，那么，从理论上来说，在西化民族中可能出现的发明将属于以下三种类型中的一种：$α + α$，$α + β$，$β + β$。从罗马－日耳曼人的观点来看，由于"$α + α$"类型的发明不包含任何罗马－日耳曼的文化要素，因而是完全没有价值的。罗马－日耳曼人认为，绝大部分"$α + β$"类型的发明都是对欧洲文化的破坏，因为这样的发明不仅包含要素 β，也包含要素 α。元素 α 和与之对应的当代罗马－日耳曼文化要素之间差距很大。最后，在"$β + β$"类型的发明中，只有那些带有罗马－日耳曼人特有的品位、禀赋和气质（为罗马－日耳曼人的遗传性所特有）印记的发明才能被他们完全接受。但西化民族的遗传性却与罗马－日耳曼人不同，那么，显然，绝大多数由前者所创造的"$β + β$"类型的发明不能满足这个要求，因而也不能被后者所接受。除此之外，与罗马－日耳曼民族的文化活动相比，西化民族的文化活动更加繁重、更耗费精力，这更降低了其成功的概率。从真正欧洲人的视角来看，西化民族文化活动的成功部分被视为无效的、不合理的。因为西化民族从罗马－日耳曼人那里学会了他们对文化的评价，因此，他们自己也不得不排斥那些不能被欧洲所接受的发明，其绝大多数文化活动也因此真正成了"无止境的徒劳工作"。

不难想象，所有这一切将不可避免地导致何种后果。由于上面提到的这些因素，西化民族在每一个历史时期，只能创造出微不足道的、极少量的能被欧洲民族所接受的文化价值。而天生的罗马－日耳曼人在同样的时间内却创造出了相当多的此类价值，而且它们都将成为罗马－日耳曼人共同的文化价值，因此就获得了毫无争议的权威，所以，这里提到的这个西化民族也不得不接受它们。这样，该民族从外界所接受来的将永远多于它所能给予的，它的文化进口将永远多于它的文化出口，而仅此一点就会使它沦为罗马－日耳曼人的从属。

除此之外，必须指出的是，西化民族在文化进口与文化出口之间的失衡，以及它与罗马－日耳曼人之间的心理遗传性差异，使得它在掌握和传播新的发明时变得异常艰难。天生的罗马－日耳曼人基本上只学习那些自身就带有罗马－日耳曼人心理印记的发明，这种心理印记是通过遗传和传统传承下去的。对于那些与这种心理相抵触的东西，他们可以冠以"野蛮的"限定词，然后随随便便地对其置之不理。西化民族的处境则与之不同：主导它的不是自己独特的民族心理，而是异族的、罗马－日耳曼人的心理，而且它应该毫不犹豫地接受神圣的罗马－日耳曼人所创造和认同的一切，不论这是否与它的民族心理相抵触，也不论它能否很好地理解这一切。这当然会妨碍它接受和传播那些舶来的发明，而且我们也知道，这些发明的数量要比西化民族自己本土的发明多得多。当然，在掌握发明方面所遇到的经常性困难，可能会影响西化民族力量的集约化使用。西化民族不得不把大量精力花费在无效的工作之上，即协调两种不同的文化（"$\alpha + \beta$"类型的发明）和发展自己残存的民族文化（"$\alpha + \alpha$"类型的发明）。

　　以上列举的所有这些文化活动中的障碍远未穷尽西化民族全部的不利处境。西化最严重的后果之一是，西化民族统一体会因此遭到破坏，并最终解体。我们在上面已经指出，在引入异己文化的过程中，每代人都创造出自己的文化混合物，制定出民族文化要素和异族文化要素相综合的不同标准。这样，在引入异族文化的民族中，每代人都生活在自己独特的文化之中，因此在这里，"父与子"①之间的差异总会比只有一种文化的民族要大得多。除此之外，只有在极少数的情况下，一个民族才能实现整体西化，即它的各个群体在同等程度上接受了罗马－日耳曼文化，这只可能发生在这种情况下，即我们所说的这个民族人口数量不多，而且彼此间差异不大的情况下。绝大多数西化过程都是自上而下的，也就是说，它首先获得了社会上层、贵族、市民和著名学者的欢迎，进而才在其他社会阶层中流行开来。这个传播过程显然是相当缓慢的，可能需要几代人的更替。关于传统，我们已经指

---

①　"父与子"是 19 世纪俄国著名作家屠格涅夫的小说名，后来被广泛用于指代父辈与子辈之间的矛盾与冲突。——译者注

出，为了掌握异族文化需要几代人的共同努力，因为在每代人都致力的文化综合中，异族文化要素比本土文化要素占的优势越多，前面几代人在调和这两种不同文化——异族文化和本土文化时，所付出的努力就越多。这就解释了为什么在每一个历史时期，西化民族那部分更早开始西化的人总是比其他人拥有更接近罗马－日耳曼的文化面貌。因此，在每一个历史时刻，西化民族的不同群体、阶层、职业代表了接受罗马－日耳曼文化的不同阶段，表现了以不同比例组合本土文化要素和异族文化要素的类型。所有这些群体不再是民族统一体的不同组成部分，而是各个独立的文化单元。它们就像不同的民族一样，有自己的文化和传统，自己的习俗、观念和语言。与天生的罗马－日耳曼人相比，西化民族中的社会、财产和职业的差异要大得多，因为除了上述这些差异，在西化民族中还有种族和文化的差异。

这种现象的消极后果在西化民族的生活中随处可见。民族的分化导致了阶层斗争的加剧，妨碍了从一个社会阶层向另一个社会阶层的过渡。西化民族各组成部分的分化也减缓了各种新事物和发明的传播速度，同时妨碍了民族各个部分在文化活动中的协同合作。总之，在这个过程中逐渐形成了这样一些条件，它们不可避免地弱化着西化民族，并把它置于同天生的罗马－日耳曼人相比极端不利的地位上。西化民族的社会生活和文化发展中充满着此类困难，罗马－日耳曼人对此却一无所知。正因为如此，西化民族才显得不富于成效：它低效而缓慢地创造着，步履维艰。在接受和传播发明的过程中，它也表现出同样的迟缓。因此，这种民族在欧洲人眼中始终被看作"落后的"，它的文化始终是罗马－日耳曼文化同本土文化的混合物，与当下那个时期纯粹的罗马－日耳曼文化有所不同，所以真正的欧洲人始终认为它比天生的罗马－日耳曼人低级。而且连民族自己也必须做出与之完全相同的自我评价。在接受了欧洲文化的同时，其也接受了欧洲评价文化的尺度。它不能无视自己低产的文化成果，不能无视自己文化出口的薄弱，不能无视新事物传播的异常缓慢、困难重重，不能无视其民族构成的绝大部分文化很少或完全不与"高级的"罗马－日耳曼文化相关。在把自己同天生的罗马－日耳曼人不断进行对比的同时，西化民族会逐渐意识到后者的优势所在，加之对于自己民族愚昧和落后的抱怨，最终导致它不再尊重自身。这个民族在评价自己的历史时，也会从天生的罗马－日耳曼人的视角出发：所有同欧洲文化相冲突的都被视为恶的，是愚昧与落后的象征；完成了向欧洲决定性转向的时刻被视为其历史上最为辉煌的时刻；在之后的历史发展中也是如此，所有从欧洲引入的东西都被视为进步的，而任何与欧洲标准不相符的东西都被视为退步的。渐渐地，这个民族学会了藐视所有自己的、独特的和民族的东西。除此之外，我们在上文中还提到，这个民族正经历着分化，由于缺少统一的文化和共同的文化语言，其各个组成部分的社会联系在削弱。因此，我们就会明白，为什么爱国主义在西化民族中总是表现得极为弱小。在这类民族中，爱国主义和民族自尊只是连接各个独立单位的纽带。民族自信在很大程度上也可归结为统治者和政治决策层的自负。

在生存斗争中，这种自信心的缺失当然又是一个极大弱点。在个人生活中，我们经常可以看到那些不够自信的人，他们很少珍视自己，习惯于自我贬损，不能果断和坚定地行动。这使他们最终成为傀儡，被那些更为果敢和自信但通常要平庸得多的人所完全掌控。那些不富有爱国主义精神的民族也是如此。它们总是在那些具有强烈爱国主义或自负的民族面前甘拜下风。因此，如上所述，在同神圣的罗马－日耳曼人的关系上，大部分西化民族都处于附庸和臣服的地位。

所有这些不利的后果都是由西化事实本身决定的，与西化程度的大小没有什么关系。要知道，随着代际更替，原有的本土文化要素会越来越退于次要位置，随着时间的推移，寻求西化的民族应该最终完全实现西化，也就是说，它会形成全部由罗马－日耳曼文化要素所组成的文化。这个过程将会相当漫长，而且在西化民族不同的组成部分、不同的社会群体中发展得也极不均衡。然而，即使西化民族得以完全终结这个过程，它依然会保留某些无法根除的民族心理禀赋。这些禀赋是通过遗传性而代代相传的。而这些禀赋同罗马－日耳曼人天生的心理要素不同。因此，它们无论如何都将产生影响：一方面影响这个民族富有成效的创造性活动；另一方面，会妨碍它成功而快速地掌握那些由天生的罗马－日耳曼人创造的、新

的文化价值。因此，即使这个民族实现了最大限度
的西化，并且经过长期而艰难的文化均衡化过程，
以及民族文化残留的根除过程实现了有机的发展，
它始终不能与罗马－日耳曼人同日而语，从而终将
继续"落后"。这个民族自西化开始，就注定要同罗马－
日耳曼人进行文化交换和交流，这使它的"落后"成
为必然。

但绝不能同这个"规律"相妥协。不与自己"落
后"作斗争的民族很快就会沦为某个与之邻近或距离
稍远的罗马－日耳曼人的牺牲品。这个民族作为"文
明民族大家庭"的落后分子，首先会被罗马－日耳
曼人夺去经济自主权，随后就是政治自主权。罗马－
日耳曼人会肆无忌惮地剥削它，榨尽它的所有脂膏，
然后把它变成"人类学材料"。但即使是那些愿意同"永
远落后法则"作斗争的民族，等待它们的命运也并没
有好到哪里去。为了抵御来自国外的威胁，"落后的"
西化民族至少要掌握与罗马－日耳曼人同等水平的
军事和工业技术。但出于上面提到的那些原因，西化
民族不能像天生的罗马－日耳曼人一样迅速地在这
个领域进行创造，所以，它不得不主要依靠引进和模

仿他人的发明。然而，它的落后甚至更多是被保留在技术领域。虽然在这个领域里，它一直以"迟到"著称，但它与罗马－日耳曼人的技术发展水平却始终是大致相同的，它们之间的差别只是西化民族工业生活的紧张程度较小而已。在生活的其他方面，要与罗马－日耳曼人的发展水平一较高低的需求通常没有那么紧迫和持久。在这些方面存在的差距和自己的落后会不时地凸显出来，但正是在这些偶然感受到的落后差距之中包含着他们主要的恶。要想消除这些偶尔出现的落后感所带来的后果，只能通过偶然性的历史飞跃。由于不能同罗马－日耳曼人携手同行而只能被逐渐落在后面，西化民族不时地试图赶超他们，进行一些或大或小的飞跃。但这些飞跃破坏了整个历史发展的进程。罗马－日耳曼人经过一段较长时间逐渐走完的路，这个民族却要在短时间内走完。它不得不越过许多历史阶段，不经过前期准备而立竿见影地去创造。但在罗马－日耳曼人那里，这些创造是"一连串历史持续演变"的结果。经过这样密集"进化"的后果是真正可怕的。在每一次飞跃之后到来的似乎是(从欧洲人的角度来看)

不可避免的停滞期。在这段时期内，需要调整文化，使在某个特定生活领域中实现的飞跃成果与其他文化要素相适应。而在这段"停滞"时期内，这个民族当然又再次落后了。那些西化民族的历史就是由这种经常性的交替组成的，即短暂的高速进步阶段与或长或短的停滞时期交替出现。历史飞跃破坏了渐进历史发展的统一性和连贯性，也破坏了传统。更何况在西化民族中即使没有历史飞跃，传统也会难以为继。然而，连续不断的传统又是实现正常进化的必要条件之一。显然，尽管这些飞跃和跳跃暂时为西化民族提供了达到"全欧洲文明水准"的幻觉，但正是上面提到的那些原因，它们不能把这个民族引向真正意义的进步。密集的进化还会进一步消耗民族精力，尽管在此之前它已经被西化事实本身消耗殆尽了。这就如同一个人，他总想与比自己走得快的同伴保持步调一致。为了达到这个目的，他会时不时地跳跃，最后不可避免地会因耗尽力气而颓然倒下。西化民族与此毫无二致。它一旦走上这样一条进化之路，注定要在毫无意义地耗尽自己民族精力之后走向覆灭。而所有这一切——自信的缺失，甚至支撑民族统一体情感的缺失——很久以前就被西化本身变为事实了。

西化带来的后果是那么沉重和可怕，所以不得不承认，西化不是福而是祸。需要强调的是，我们有意回避了西化的某些不利方面，但欧洲人自己通常会不免遗憾地承认它们，比如有损健康的缺陷和习惯，欧洲"文化表达者"所带来的怪病，军国主义，丧失了美感的、不安的工业生活等。所有这些"文明的瑕疵"经常被感伤主义的欧洲慈善家和唯美主义者抱怨，但它们并不是欧洲文化必不可少的附属品。任何一种文化都有缺陷和不良习惯，而且通常由一个民族从其他民族那里将其引入，这与它们是否与整个文化相适应无关。经常会出现这样的情况，欧洲人自己会从一些被他们视为低级和不开化的部族那里引入一些不良习惯，例如吸食烟草的习惯就是欧洲人从北美"野蛮人"那里引入的。至于军国主义和资本主义，欧洲人始终承认它们是有缺陷的，是历史的偶然，并许诺要消除这些缺陷。因此，欧洲文明中所有不利的方面都被认为是有争议的，这也是我们认为不可能谈论它们的原因。我们只谈论了那些由西化实质本身所引起的后果，而且这些后果只涉及西化民族的社会生活和文化的实质。

因此，对于上面所提出的这三个问题，我们不得不全部给予否定的回答。

V

但如果欧洲文明并不比其他文化优越，如果完全被异族文化所同化是不可能的，如果对于所有非罗马－日耳曼民族而言，追求完全西化意味着将有最悲惨和最可怜的命运，那么，显然，这个民族应该全力以赴地同西化作斗争。这就会出现一个可怕的问题：如果这个斗争是不可能的，如果普遍的西化是世界的必然规律呢？

从表面上来看，事情确实如此。当欧洲人同某个非罗马－日耳曼民族相遇时，他们就会向它输入自己的商品和大炮。如果这个民族没有反抗，欧洲人就会征服它，把它变成自己的殖民地，强制实行西化。如果这个民族意图反抗，那么，为了有能力同西方作斗争，它必须购置大炮和引入欧洲所有的尖端技术。而为了实现这一目标，一方面需要开办各种工厂，另一方面需要学习欧洲的应用科学。但在没有欧洲社会政治生活制度的条件下开办工厂是不可能的，而在没有纯粹科学的条件下学习应用科学也是不可能的。因此，这里所说的那个想要同欧洲作斗争的民族，就不得不亦步亦趋地吸收所有与它同时代的罗马－日耳曼文明，并自愿地被西化。这就意味着，无论在前一种还是在后一种情况下，西化似乎是不可避免的。

刚刚提到的这些可能会让人们产生这样一种印象，似乎因为欧洲具有军事技术和商品工业生产能力，西化就是不可避免的。军事技术是军国主义的产物，工业生产是资本主义的产物，但无论是军国主义还是资本主义都不是永恒的。它们是历史的产物，正如欧洲社会主义者所预言的，它们很快就会消亡，让位给新的社会主义制度。因此，反对普遍西化的人似乎应该期盼着在欧洲国家建立社会主义制度。但这并不好过奇谈怪论。社会主义者比所有欧洲人都更坚持国际主义，坚持世界主义。而关于世界主义的真实本质，我们在这本书的开头就已揭示过了。这并不是偶然的。

如果欧洲确立了社会主义制度，这些社会主义国家首先就会在全世界复制这种体制，即在全世界实现普遍西化，消解各民族的个性，使其归属于统一的文化和生活方式。然后，它们会时刻警惕着，防止任何一个民族都改变这种体制。换言之，在这种情况下，如果在地球上还保留着一个没有社会主义的角落，那么，这个"角落"马上就会成为资本主义滋生的温床。但为了捍卫社会主义制度，欧洲人不得不保持最先进的军事技术水平，始终把自己武装到牙齿。因为处于戒备状态的那部分"人类"始终威胁着其他人的自主性。尽管他们保证不会去侵犯他人，但人们仍然会对全副武装的邻居感到不适，因此，时时戒备的状态自然就会蔓延开来，波及地球上的所有民族。进一步来说，由于所有罗马－日耳曼民族早已习惯使用来自欧洲本土之外的物品来满足自己的物质文化和其他迫切需求，因此，即使在社会主义制度下，国际贸易、特别是"殖民地"贸易仍会保留下来。当然，那时的贸易会带有与整个社会主义经济相关的某种特点。罗马－日耳曼国家的主要出口产品仍是工业品。因此，目前推动西化的两个动因——军事技术和工业生产，在社会主义制度下仍会被保留下来。除此之外，还会增加新的动因，即在所有国家建立统一的社会主义生活方式的要求。这是一个必然要求。

至于我们上面提到的那些西化的不利后果，在社会主义制度之下仍然会被原样保留，就如同在资本主义制度之下一样，甚至更严重。要求所有民族实现统一的社会政治生活的制度，会驱使西化民族更加努力地追赶罗马－日耳曼人。在社会主义制度之下，有一个我们上面所列举的西化不利后果似乎不应存在，那就是西化民族文化的分化，因为在社会主义社会中不区分阶级和阶层。当然，不划分阶级和阶层只是理论上的。事实上，劳动分工的原则必然导致社会按照职业分化为不同群体。而且，正是我们上面提到的原因，与天生的罗马－日耳曼人相比，这种分化在西化民族中会表现得更加突出。需要指出的是，在社会主义制度下，为保持所有民族必须具有同样的"文明"水平，罗马－日耳曼人会不断地"抽打"和"驱赶""落后"民族；同时由于"民族偏见"在那个时候应该消失，人们开始信奉神圣的世界主义。那么，在所有这些西化国家中，主要应由纯粹的罗马－日耳曼人或那些被罗马－日耳曼文化所完全同化的民族来充当指挥者甚至统治者。最后，罗马－日耳曼人将继续保持自己的贵族特权地位，而其他的"落后"民族将逐渐沦为他们的奴隶。

因此，对于西化的必然性和它的不利后果，罗马－日耳曼国家的社会政治体制特点究竟如何并不会产生什么影响。不论罗马－日耳曼国家是资本主义制度还是社会主义制度，这种必然性始终存在。它并不取决于军国主义和资本主义，而是取决于全球的剥削者——罗马－日耳曼人贪得无厌的本性和始终贯穿于他们臭名昭著"文明"中的自我中心主义。

VI

那么，如何同这个不可避免的普遍西化梦魇作斗争呢？表面看来，似乎只有发动全体民众都起来反抗罗马－日耳曼人才有可能。如果人类不是罗马－日耳曼人喜欢谈论的那个人类，而是真正的人类，它的大部分是由斯拉夫人、中国人、印度人、阿拉伯人、非洲人等组成的。虽然这些人肤色不同，却都处在罗马－日耳曼人的残酷压迫之下，努力为欧洲工厂开采原材料。如果这个人类可以团结起来共同反抗压迫者——罗马－日耳曼人，那么，可以设想，这令人深恶痛绝的奴役迟早有　天会被推翻，这些剥削者和他们的文化也将被彻底消灭。但是如何组织这样的反抗呢？这会不会只是一个遥不可及的梦想？越是仔细研究这个计划，我们就会越清楚，它是不可能实现的。如果它是同普遍西化进行斗争的唯一方式，那么，这个斗争也将是不可能的。

　　然而，事情并不是这样令人绝望的。如上所述，促使普遍西化成为必然的一个主要条件是自我中心主义，它贯穿在罗马－日耳曼文化的始终。当然，我们不可能寄希望于罗马－日耳曼人，希望他们来弥补自己文化中的这个宿命般的缺陷。但西化的非罗马－日耳曼民族在接受欧洲文化的时候，完全可以从中去除自我中心主义。如果它能够成功做到这一点，那么，引入罗马－日耳曼的文化要素将不会产生我们在上文中所提到的那些不利后果，反而只会丰富自己的民族文化。事实上，如果我们所说的那些民族在与西方文化遭遇时，能够摆脱偏见的束缚，它们就不会原封不动地引入这个文化，也不会努力根除自己的本土文化以迎合欧洲文化。因为没有了偏见的束缚，它们不会再把西方文化的所有要素都视为某种绝对高级和完善的东西，它们也不会再把自己视为落后的民族，是在发展中停滞下来的人类群体。因此，它们会把罗马－日耳曼文化看作多种可能性文化中的一种，从中选取那些它们能够理解和适合的要素，然后根据自己的民族趣味和要求自由地改变这些要素，而根本无须理会罗马－日耳曼人对这些改变所做的评价（这些评价都是从自我中心主义的观点出发的）。

毫无疑问，事情的这种转机实际上是完全可以想象和可能的。没有任何历史事件否认过这种可能性。但历史也告诉我们，事实上，尚没有一个西化民族能够坚持清醒地对待罗马－日耳曼文化而矢志不渝。许多引入欧洲文化的民族最初只打算从中选取一些东西为自己所用。但在其随后的发展过程中，它们逐渐被罗马－日耳曼的自我中心主义所催眠，忘记了自己的初衷，开始不加甄别地引进整个欧洲文化，并将被欧洲文化完全同化确立为自己的理想。彼得一世在改革中最初只想从德国人那里引入军事和航海技术，但他逐渐被引进的过程所吸引，引入了许多与根本目标没有直接关系的多余的东西。然而，他也意识到，当俄罗斯从欧洲获得了它所需要的一切时，迟早会不再理会欧洲，继续自由地发展自己的文化，无须经常"向西方看齐"。但他英年早逝，没有来得及安排可以胜任这项事业的接班人。整个18世纪，俄罗斯都在不光彩地、肤浅地模仿欧洲。到了18世纪末，俄罗斯上层社会的理智已经被罗马－日耳曼的偏见完全浸透了，所以，整个19世纪直到20世纪初，俄罗斯都在试图使其生活的方方面面完全实现西化，而且，俄罗斯正是掌握了我们在上面提到的那些"密集进化"的方法。在我们看来，同样的历史也在日本上演。日本最初也只想从罗马－日耳曼人那里引入军事和航海技术，却在模仿西方的追求中越走越远，因此，当代日本社会绝大多数"受过教育的人"都已经掌握了罗马－日耳曼人的思维方式。尽管到目前为止，日本民族自尊的本能和对历史传统的尊重对完全西化有所掣肘，但又有谁知道，日本人在这个立场上能坚持多久。

尽管我们承认，这里提出的解决方案是史无前例的，但并不能由此判定它是不可能的。原因就在于人们还没有发现欧洲世界主义和其他理论的实质，即其基础是自我中心主义的偏见。由于西化民族的知识分子是这个民族中最全面地吸收了罗马－日耳曼人精神文化的那部分人，他们并没有意识到罗马－日耳曼人自我中心主义的心理是全无根据的，因此，到目前为止，他们都不能同欧洲文化的自我中心主义所带来的后果进行斗争，只是坚定地跟随着罗马－日耳曼人的意识形态前进，丝毫没有感觉到潜伏在自己脚下的暗礁。只有当知识分子群体开始有意识地看待这个问题，并以客观批判的方式来对待欧洲文明时，整个图景才会发生根本改变。

因此，事情的重点应该转移到这些西化民族知识分子的心理领域中来。知识分子的心理应该从根本上被重新改造。这些西化民族的知识分子应该撕下罗马－日耳曼人罩在他们眼睛上的黑布，应该挣脱罗马－日耳曼人的心理魔咒。他们应该完全清楚地、坚定地并始终如一地明白以下这些问题，**直到现在他们一直都是被欺骗着。**

欧洲文化不是某种绝对的东西，不是人类普遍的文化，而只是某个有限和确定的种族学或人种学意义上的民族群体所创造出来的东西，这些群体拥有共同的历史。

只对这个创造了它的特定的民族群体而言，欧洲文化才是必需的。

欧洲文化并不比其他种族群体创造的文化更完善、更优越，因为所谓的高级和低级的文化和民族根本不存在，而只有相互间相似或不同的文化和民族。

因此，对于那些没有参与罗马－日耳曼文化创造的民族而言，掌握这种文化并不是绝对的福祉，也不具有任何绝对的道德力量。

只有在与罗马－日耳曼人实现种族融合的情况下，甚至只有在被罗马－日耳曼人吞并的情况下，非罗马－日耳曼民族才能完全和有机地掌握罗马－日耳曼文化（掌握其他异族文化亦是如此）。这里所说的"掌握"是指，非罗马－日耳曼民族与罗马－日耳曼人可以在同一种文化精神下实现共同创造。

在没有实现种族融合的情况下，非罗马－日耳曼民族掌握的可能只是罗马－日耳曼文化的替代品，只是"静态的"文化，而不是"动态的"文化。换言之，尽管这个民族已经掌握了当代欧洲文化发展的全部成果，却没有能力进一步去发展它。每当文化要素发生改变时，它都需要重新引入罗马－日耳曼人的文化要素。

在这种情况下，这个民族不得不完全抛弃自主性的文化创造，生活在欧洲的镜像世界中，不断地模仿罗马－日耳曼人。

这种情况造成的后果就是，这个民族将永远"落后"于罗马－日耳曼人，也就是说，在掌握和复制罗马－日耳曼人文化发展的不同阶段，它总是显得明显滞后。与天生的欧洲人相比，其始终处于一种不利的、附庸的地位，而且在物质和精神上都依赖于他们。

因此，西化对于任何一个非罗马－日耳曼民族而言都是**绝对的恶**。

因此，应该全力以赴地同这个恶进行斗争。人们不应该只是表面而应该内在地意识到所有这些问题；而且不应该只是意识到，更应该感受到、经验到、磨砺到它们。应该让真理完整地呈现，没有任何夸张，没有那个巨大谎言的任何残留，应该从真理中清除这个谎言。应该清楚而确定表明我们不能做出任何妥协，斗争就是斗争。

正如我们在上文所说的那样，所有这些都提示着，在那些非罗马－日耳曼民族的知识分子群体心理上需要一场全面的变革和革命。

这场变革的重要本质就在于，他们应该意识到，原本绝对的东西是相对的，即欧洲"文明"福祉是相对的。所谓绝对的福祉需要毫不留情地被推翻。做到这一点是困难的，甚至可以说非常困难的，但它同时又是**绝对必要的**。

对于推进普遍西化的非罗马－日耳曼民族知识分子群体而言，其意识变革必然是致命的。因为到目前为止，正是这个知识分子群体作为西化的领路人，正是他们相信了世界主义和"文明的福祉"，为自己民族的"落后"和"愚昧"感到惋惜；正是他们试图使自己的民族被欧洲文化所同化，摧毁数个世纪积累下来的、独立的民族文化基础。在已经实现西化的民族中，这些知识分子走得更远。他们不仅让自己的民族着迷于欧洲文化，还要让它的邻国也着迷于此。因此，他们是罗马－日耳曼人的主要代理人。如果他们现在能够理解并深刻认识到，西化是绝对的恶，世界主义是无耻的谎言，那么，他们就不会再帮助罗马－

日耳曼人，而"文明"的一路凯歌也将终止：没有了已经西化民族的支持，罗马－日耳曼人自己将无力继续在精神上征服世界上的其他民族。因为当这些知识分子意识到自身错误之后，不仅不会再去帮助罗马－日耳曼人，而且还会努力阻止他们。他们会帮助其他民族认清"文明福祉"的真实本质。

把世界各民族从"文明福祉"的催眠术和精神奴役中解放出来是一项伟大而艰巨的事业。在这项事业中，所有非罗马－日耳曼民族的知识分子都应该友好而团结地行动起来，无论他们是已经走上西化道路，还是正打算走上西化道路。一刻也不应该忽视问题的实质。不应该分心于个别的民族主义或某些局部的解决方案，如泛斯拉夫主义或其他各种"泛……主义"。这些局部性只会掩盖事情的本质。应该始终牢记，斯拉夫人与德国人的对立，或是突厥人与阿利安人的对立并不能真正解决问题，而真正的对立只有一个：罗马－日耳曼人同世界所有其他民族之间的对立，即**欧洲与人类的对立**。

1920 年，索非亚

俄罗斯问题

导　语

　　十月革命前后,一大批俄罗斯知识分子流亡海外。对这些政治侨民而言,如何重返俄罗斯就成了最重要的问题。当时在侨民界占主流的看法是借助外国的武装干涉推翻苏维埃政权,继而实现俄罗斯的重建和复兴。

　　但特鲁别茨柯依非常明确地反对这种看法,认为这只会使俄罗斯更快地沦为罗马－日耳曼国家的殖民地。唯一可行的方案是接受自己在世界历史中所应扮演的新角色——领导亚洲国家摆脱西方的殖民统治。

　　但要想实现这种角色转换,首先是俄罗斯知识分子必须要完成思想转变,停止对西方文明的顶礼膜拜,转而重建自己独特的民族文化和世界观。这是拯救俄罗斯的唯一希望，也是俄国侨民要完成的最终使命。

虽然我们并未面临如此遭遇，但俄罗斯问题具有普遍意义。这个问题的实质就在于，自己民族的问题最终仍然需要依靠本民族的力量来解决，民族及其文化的自主性是根本性的，不容亵渎。

I

俄罗斯政治侨民为自己描绘出一幅"俄罗斯复兴"的图景，但它只能是海市蜃楼罢了。他们梦想着在一个美丽的早晨醒来后发现，目前在俄罗斯所发生的一切都只是一个可怕的梦魇，或者所有这一切都会随着魔法棒的挥舞而消失得无影无踪。俄罗斯再次成为一个伟大的强国，所有人都畏惧它、尊重它，所有人都争先恐后地向它提供最为诱人的政治和经济合作建议，它只需要随意选择最好的统治形式，就可以在敌人的惶恐和自己的荣耀中快乐而美好地生活下去。这是什么，难道不是海市蜃楼吗？

尽管我们不能否认奇迹曾经发生过，现在也有发生，将来也会发生。但当我们在做政治考量时，从奇迹出发是否可行？我们是否可以把奇迹当作一个必要因素，带入现实的政治建构中？因为如果按照"奇迹"自身的定义，它是在意料之外的，是不可预见也不可提前安排的。当一位真正讲求实际的政治家在制订未来规划的时候，他应该只考虑现实可能性。如果他相信奇迹，并愿意变得更为谨慎，那么，他所能做的最多是考虑到所有情况，即考虑到如果突然间发生了奇迹，他该如何应对，也仅此而已。如果一个政治家完全不考虑现实可能性，只在发生奇迹的前提下构思自己的计划，难道还能将其视为一个"讲求实际"的政治家吗？甚至他是否配得上"政治家"的称号都将是个问题。然而，我们的政治侨民却都是这样一些人。现实可能性不能引起他们的丝毫兴趣。他们甚至都没有注意到现实。奇迹般的"俄罗斯复兴"是他们最希望的事情，是他们永恒的目标，是他们所有计划、方案和构想的出发点。如果我们在这里谈论的是某些神秘主义者，那么，这种对奇迹必然发生的盲目自信也是可以理解的。但要知道我们现在谈论的却是一向讲究实证的政治实践活动家。那么，这是为什么？是不能洞察现实的盲目，还是不敢直视这种现实的恐惧？

II

有一些真理是所有人都必须或多或少承认的。战争、革命和布尔什维克的实验者使俄罗斯经济全面崩溃。它需要一段相当长的时间才能逐渐恢复过来。同时需要得到外国人最为积极和有力的帮助。苏维埃政权首先考虑的是自己如何生存下去，因此，在这种体制之下，食不果腹而又手无寸铁的群众最多只能发动规模很小的地方暴乱。苏维埃政权可以通过武力镇压，或借助高超的宣传系统进行"内部引爆"来平息这些动乱。如果没有国外势力积极持续的支持，稍具规模的反布尔什维克运动是不可能出现的。苏维埃政权只有在保证自身不受侵犯的前提下，才会自愿地表现出某些妥协，比如，可以与外国人缔结某些持久、可靠的协议，因为没有外国人的帮助和干涉，人们是无论如何也不可能推翻这个政权的。

这里所说的"外国人"当然是指那些发动了世界

大战的"伟大强国"。我们现在已经知道他们到底是些怎样的人。战争褪尽了罗马－日耳曼人道主义文明的粉饰与铅华。现在,古代高卢人和日耳曼人的后代在全世界人面前露出了自己真实的嘴脸:一张正贪婪地龇着牙、咧着嘴的凶残野兽的嘴脸。这个野兽就是真正"讲究实际的政治家"。它与我们的"社会代表"不一样。它不相信奇迹,更嘲笑理想。需要喂给它猎物、食物,喂得越多,它吃得越津津有味;如果不喂给它,它自己也会过来拿,因为它有技术、科学和文化,最主要的是它有大炮和装甲舰。

"复兴俄罗斯"所要依靠的就是这样一些外国人。他们为了争夺世界霸权而内战不断。他们想要瓜分世界,或被一个胜利者所统治。但无论前者还是后者都没能实现。在广袤的俄罗斯,在这片占据了世界六分之一的领土上依然是"平局"。只要俄罗斯还尚未被瓜分,或尚未被交到某一个罗马－日耳曼野兽手中,世界大战就不会终结。对于罗马－日耳曼人来说,这才构成了"俄罗斯问题"的实质。他们把俄罗斯视为潜在的殖民地。俄罗斯广袤的疆域并没有让他们感到丝毫为难。在人口数量上,印度人口远多于俄罗斯,但它还是被英国占领了；在领土面积上，非洲比俄罗斯要大，但它也被一些罗马－日耳曼强国瓜分了。俄罗斯本也应有同样的命运。俄罗斯广袤的领土上植被茂盛、物产丰富，至于在这片领土上生活着的居民怎样这并不重要，人类学家会对付他们。政治家们主要关心的还是领土，土著居民只不过是劳动力罢了。

这些外国人是否会在帮助俄罗斯"恢复"过来以后，自发地鞠躬告退呢？如果作为奇迹，这是可能的。但如果从现实的可能性和或然性角度来看，绝不可能出现这种转机。那些帮助俄罗斯的外国人，确切地说，将要帮助俄罗斯的外国人之所以这样做，当然不是出于慈善动机，而是要以俄罗斯沦为其殖民地为代价来换取其帮助。目前仍很难预见，究竟是哪一个罗马－日耳曼国家会充当这个角色，会是英国、德国、美国还是各国联盟？如果是各国联盟，那么，这个联盟会将俄罗斯划分为不同的"势力范围"。可以肯定的只有一点，那就是俄罗斯不可能被某个欧洲强国完全吞并，进而成为它的殖民地。俄罗斯将被笼罩在阴影之下，它表面上是自主的，但它的政府完全听命于外国人。这个政府将行使与布哈拉苏维埃人民共和国^①、暹罗^②或柬埔寨等国的傀儡政府完全相同的权力。它将是什么性质的政府无关紧要，可能是社会主义革命者的、资产阶级立宪民主党人的、布尔什维克的、十月革命者的或是右派的。重要的是，它应是傀儡的。

这才是在客观考察现状的情况下，能描绘出来的那个现实的前景。俄罗斯复兴只有以牺牲其自主性为代价。

III

布尔什维克主义者作为非常讲究实际的政治家，不能不考虑被外国人奴役的可能性。国外对苏政策在整体上可以概括为：希望布尔什维克主义者可以组建上面提到的那种傀儡政府。布尔什维克主义者有时候

---

① 布哈拉汗国是在 1500—1920 年存在于中亚地区的封建王朝，1920 年该地爆发革命，建立了布哈拉苏维埃人民共和国。但该政权仅存在 5 年即被推翻，其领土被并入乌兹别克、土库曼和塔吉克三共和国。——译者注

② 暹罗是泰国的旧称。——译者注

会俯首听命，有时候也会对外国人施以"颜色"。正因为如此，这个过程才被拖延下来。对于外国人而言，"驯服"苏维埃政权当然要比推翻它并用某个新政权取而代之要有利得多。只有当他们确信不可能"驯服"布尔什维克主义者的时候，他们才会果断地推翻它。正因为这种两面策略，苏维埃政权暂时取得了胜利。但无论苏维埃政权如何拖延这个过程，在它面前也只有两种前景——或者像布哈拉苏维埃人民共和国、暹罗或柬埔寨一样，成为听命于外国人的傀儡政府，或者将政权交给由其他政党组成的傀儡政府。如果布尔什维克主义者仍然认为拖延战术是有利的，这只是由于他们仍寄希望于"最后的赌注"——世界革命。

只有发动全世界革命，在所有罗马－日耳曼国家中实现共产主义演变，才能拯救俄罗斯苏维埃政权免于毁灭，否则，就只能服从西方"资产阶级"政府。现在很难说，我们的布尔什维克主义者对发动这场全世界革命的把握到底有多大。目前，在罗马－日耳曼国家中的一切似乎都很成功，工人运动似乎也已经进入某个"安全的"轨道。但我们完全不清楚，这种状况到底有多稳定，特别是当原本紧张的国际关系再次演变为武装冲突的时候，它是否会突然发生改变。要想回答这个问题，手头上必须掌握大量的事实材料。但除了俄罗斯布尔什维克主义者，谁都没有这方面的信息。他们专门搜集各国进行共产主义演变的准备情况。但当这些布尔什维克主义者肯定地宣称全世界革命即将到来的时候，也绝不能无条件地相信，因为在这种情况下他们也可能只是在自我安慰，但我们也没有根据来反驳他们。

对于我们而言，重要的是解决这样一个问题，即世界革命是否会为俄罗斯将要面临的以上前景带来实质性的改变。如果布尔什维克主义者期待从这场革命中获得拯救，那是因为他们相信，来自国外的主要威胁不是政治和经济奴役，而是"资产阶级"的罗马－日耳曼政府，因为后者会妨碍苏维埃政权全面彻底地在俄罗斯实现共产主义制度。这场世界革命的确可以解除这个"威胁"。但对于我们这些非共产主义者而言，破坏共产主义制度并不能构成"威胁"，因为我们所关心的问题只在于，全世界革命是否可以保证俄罗斯免遭奴役的威胁。但对于这个问题，我们不得不予以绝对否定的回答。

　　实际上，社会主义和共产主义都是罗马－日耳曼文明的产物。它们需要满足某些社会、经济和政治条件。这些条件在所有的罗马－日耳曼国家中都已经具备了，但在那些"落后"国家却尚未具备这些条件。所谓的"落后"国家，是指那些与罗马－日耳曼国家并非完全相似的国家。如果真的会在全世界范围内实现共产主义演变，毫无疑问的是，最为完备、堪称典范的共产主义国家一定是那些罗马－日耳曼国家，因为它们现在就处于"进步的巅峰"。它们仍将继续"定调"和占据主导地位。"落后的"俄罗斯已经在最为不利的条件下，在缺乏实现社会主义必要的社会经济及技术的前提下，进行了社会主义实验，并因此精疲力竭。因此，它将完全听命于这些"先进的"共产主义国家，并将遭受这些国家肆无忌惮的剥削。如果现在俄罗斯人所遭受的痛苦和贫穷在很大程度上是由于将数量巨大的财富都消耗在对国外进行共产主义宣传和帮助国外的工人运动上，那么，到那个时候，俄罗斯工人和农民的血汗将去浇灌和滋养欧洲共产主义国家的典范，而且，将由这些国家的"专家们"主导对"落后的"和"尚未开化的""土著人"进行剥削。[1]

由此可见，全世界革命实质上丝毫不能改变俄罗斯面临的前景。没有这场革命，俄罗斯将是资本主义罗马－日耳曼国家的殖民地，经历了这场革命，它将是共产主义欧洲的殖民地。它在任何情况下都将成为殖民地，无论在这种或那种策略之下。"俄罗斯作为伟大欧洲强国"的历史篇章已经永远翻过去了。现在，俄罗斯已经进入一个新时期，一个失去自主性的时期。未来的俄罗斯将是一个殖民地国家，正如印度、埃及或摩洛哥一样。

这才是未来俄罗斯可能面临的唯一现实。只要不发生奇迹，任何一位讲究实际的政治家都只应考虑这种可能性。

---

[1] 作者撰写《俄罗斯问题》这篇文章的 20 世纪 20 年代，是国际共产主义运动蓬勃发展之际，俄国在其中扮演着领导作用。但作者坚持认为，社会主义和共产主义都是罗马－日耳曼文明的产物，非西方民族盲目引入西方文明成果会引发灾难性后果。作者主张俄国应重新找到自己民族和文明的定位，即欧亚民族与欧亚文明。因此作者提出上述观点。——译者注

IV

俄罗斯会在相当有利的情况下加入殖民地国家的大家庭。最近一段时间以来，罗马－日耳曼人在殖民地国家里的声望每况愈下。那些备受歧视的"土著人"慢慢地昂起头来，开始批判地对待自己的主人。当然，这是罗马－日耳曼人自己的失误。在世界大战期间，他们在对方的殖民地上大肆宣传，在"土著人"面前相互诋毁。他们教会了这些"土著人"军事技能，驱使他们与其他罗马－日耳曼人在前线厮杀，使这些"土著人"战胜了"主人种族"。他们在"土著人"中间培育了一个接受过欧洲教育的知识分子阶层，这也暴露出了欧洲文化的真实面目，使这些知识分子大失所望。目前，在众多殖民地国家都出现了想要摆脱罗马－日耳曼奴役的要求。即使某些国家采取的是不理智的暴动方式，但在其他地区则表现为更加严肃和深刻的民族主义运动。在那些遥远的地方似乎显现出某种前景，预示着备受奴役的人们即将摆脱罗马－日耳曼野兽的奴役。罗马－日耳曼世界正在逐渐老去。这头野兽衰老的蛀牙也很快会失去撕咬和咀嚼殖民地美味佳肴的能力。

在这种情况下，广袤的俄罗斯作为新的殖民地国家，它的加入可能成为反对罗马－日耳曼人殖民运动的决定性因素。因为俄罗斯始终是一个独立的国家，并把那些罗马－日耳曼国家视为与自己或多或少平等的强国。俄罗斯可能马上成为这场全世界运动的领导者。应该承认的是，尽管布尔什维克主义者的实验最终必然会使俄罗斯沦为外国殖民地，但他们同时也为俄罗斯担当新的历史角色做了准备。俄罗斯可以领导殖民地世界摆脱罗马－日耳曼人的奴役。①

当布尔什维克主义者在"亚洲人"中进行自己的共产主义宣传时，他们从一开始就遇到了一种普遍现象。由于亚洲国家尚不具备合适的社会条件，纯粹的共产主义理念在各地都不太受欢迎。但那些反对罗马－日耳曼人和罗马－日耳曼文化的宣传却取得了成功。共产主义被视为反对欧洲人及其走狗的民族主

---

① 作者在这里所指的是俄国在国际共产主义运动中可以团结大量所谓的"殖民地"国家，而其中很大一部分都是亚洲国家，这就为俄罗斯成为欧亚世界的领导者奠定了一定的基础。——译者注

义。他们或者把"资产阶级"理解为欧洲的商人、工程师和剥削"土著人"的官员，或者理解为西化的当地知识分子。这些知识分子接受了欧洲文化，穿戴欧洲服饰，并割断了同自己祖国的所有联系。布尔什维克主义者一方面为这感到高兴，因为这使他们可能借助亚洲大多数群众的不满情绪来达到宣传共产主义的目的。但另一方面，他们作为共产主义者和国际主义者，当然不能特别鼓励对共产主义"不正确的"理解，从而使共产主义运动转变为理论上有据可依、考虑周全的民族主义运动。

但事已至此。在大多数亚洲人的意识中，布尔什维克主义者和俄罗斯已经牢牢地同民族解放、反对罗马－日耳曼人和欧洲文明等观念联系在一起了。土耳其、波斯、阿富汗、印度以及中国和其他一些东亚国家都这样看待俄罗斯。这种观点决定了俄罗斯未来的角色。它已经不再是伟大的欧洲强国，而是巨大的殖民地国家。它将领导自己的亚洲兄弟们共同反对罗马－日耳曼人和欧洲文明。只有取得这场斗争的胜利，才能拯救俄罗斯。过去，当俄罗斯还是伟大的欧洲国家时，我们可以说俄罗斯的利益与这个或那个欧洲国家的利益相近或相悖。现在，这样谈论问题是不理智的。从现在开始，俄罗斯的利益就与土耳其、波斯、阿富汗、印度，很有可能也包括中国和其他一些东亚国家的利益密不可分地联系在一起了。"亚洲方针"是真正的俄罗斯民族主义者唯一的可能。

V

对于俄罗斯新的历史角色，亚洲国家的绝大多数群众已经准备好接受它，但到目前为止俄罗斯自己却尚未准备好。大多数俄罗斯知识分子仍然奴颜婢膝地拜倒在欧洲文明的脚下，将自己视为欧洲民族，努力地向欧洲的罗马－日耳曼人看齐，幻想着俄罗斯在文化层面可以变得与罗马－日耳曼国家完全相似。只有少数人出于偶然会下意识地想要割裂与欧洲的联系。如果我们逃亡者和侨民中的一部分人表现出对法国人和英国人的失望，那么，在大多数情况下，这纯粹是出于个人对"盟军"的不满。在逃亡过程中和在难民营的生活中，他们不可避免地会遭到"盟军"的各种折辱。现在，这种对"盟军"的失望经常转变为对德国人的过分理想化。因此，俄罗斯知识分子仍然停留在崇拜罗马－日耳曼人（只是不再崇拜英国人和法国人，而崇拜德国人）的轨道之上。他们尚不能批判地对待欧洲文化的问题。

在这种情况下，俄罗斯必然会遭到外国奴役。相当一部分俄罗斯知识分子赞美罗马－日耳曼人，把自己的祖国看作落后的国家，认为它"在许多方面应该"向欧洲学习。他们会厚颜无耻地为外国剥削者卖命。他们这样做不是出于恐惧，而是发自内心地来协助外国人剥削和压迫俄罗斯。除此之外，我们还要补充的是，外国人的到来最初会使物质生活条件得到一定的改善，而且从外部来看，俄罗斯的自主性似乎也未受到任何侵犯。那个无条件听从外国人的傀儡政府在此时必定会表现得相当开明和进步。所有这些显然向部分普通民众隐瞒了事情的真相，也减轻了那些俄罗斯知识分子的内疚，他们为外国人剥削俄罗斯卖命，备受良知的煎熬。但沿着这条道路可以走得很远：最初是与外国人一起帮助忍饥挨饿的民众，然后是在外国租界的办事机构、在国外的"俄罗斯债务监管委员会"的管理处，或在外国的侦查处等部门任职（当然，他们的职务都很低）。在外国人那里任职本身并不危险，也不值得批判，毕竟在很多情况下，这是不可避免的。但最有害的是，他们对外国人把持本国朝政加以道德支持。然而，从当代俄罗斯知识分子的思潮来看，我们不得不承认，大多数知识分子一定会给予外国人这样的支持。这才是最可怕的。如果大多数俄罗斯知识分子对外国奴役进行道德支持，那么，俄罗斯永远也不可能成功摆脱外国奴役，实现自己新的历史使命。因为其将继续拜倒在欧洲文化的脚下，在这种文化中看到的是绝对的理想和值得学习的典范，而不会想着把世界从罗马－日耳曼野兽们的统治下解放出来。

要想实现这些任务，整个俄罗斯的社会意识必须发生以下巨大变化：隔断自己与欧洲的精神联系，确定自己的民族特性，追求独特的民族文化和反对欧洲文化。如果发生这种变化，胜利就有了保证。到了那个时候，无论在外国人那里担任什么职务，也无论怎样对罗马－日耳曼人奉命唯谨都并不可怕。但如果没有发生这种变化，等待俄罗斯的将是可耻而彻底的毁灭。

VI

我们已经考察了俄罗斯未来的可能前景。那么，那些渴望行动起来的俄罗斯人应该做些什么呢？他们希望自己的努力即使不能帮助现在的俄罗斯，也能帮助未来的俄罗斯。他们又将面临怎样的现实任务呢？

他们是否要竭尽所能地推翻苏维埃政权，促进俄罗斯的经济复兴呢？但我们清楚，无论是前者还是后者都只有在遭受外国奴役的条件下才有可能实现。难道是要加快这个不可避免的过程吗？是否要有意识地把外国人引入俄罗斯呢？

首先，甚至许多讲究实际的政治家都不会赞同这件事情。其次，"把外国人引入俄罗斯"是什么意思？外国人只会在他们觉得有利和方便的时候来到俄罗斯，他们会按照实际考量的需要来行事。俄罗斯侨民的祈求并不会加快事情的进程，因为外国人并不是出于仁爱的目的，而是为了自己的利益才会付诸行动。只有在确保自己的行动不会带来不利后果的情况下，他们才会来到俄罗斯。这些可能的不利后果包括：在"俄国遗产"的势力范围内出现国际纷争，或者在自己的后方爆发革命。只要他们尚未找到干涉俄罗斯事务的安全方式，无论俄罗斯侨民有多么痛苦，他们都会无动于衷。但只要某个罗马－日耳曼国家真正讲究实际的政治家找到了这种安全方式，即使没有来自俄罗斯侨民方面的任何压力，武装干涉也会发生。这就意味着，俄罗斯侨民在这个问题上是无能为力的。他们在这方面的所有行动都是徒劳无功的。

是否要为加入未来的俄罗斯政府机构做好准备呢？这时的政府将是"复兴后的""摆脱了苏维埃政权统治"的政府吗？但我们清楚，这将会是一个什么样的政府。从表面上来看，它是真正的俄罗斯政权，但事实上，它是国外殖民政策的执行者。谁会心甘情愿地在这样的"机构"中工作呢？是不是只有那些卑微的沽名钓誉者——他们只贪恋权势——才会丝毫不在意这个政府只是一个傀儡？抑或是那些没有原则的投机者，他们只梦想着追寻个人幸福，即使以牺牲自尊和亡国为代价也在所不惜？这样的人过去有过，现在也有，将来还会有。我们当然不是为了他们才写下所有这些文字。让他们去为自己未来的工作做准备吧！我们不可能阻止他们。但我们想让其他人擦亮双眼，认清这些人都是叛徒！然而，除了这些叛徒，我们还可以看到一些正直的、有理想的人们。尽管他们知道俄罗斯政府将有利于外国人，但他们也想要进来工作。他们希望通过自己坚持不懈的努力，并运用灵活的马基雅维利主义把俄罗斯从外国的奴役中解救出来。对这些充满理想的人来说，伊凡·卡利塔[①]的形象是指路的明灯。伊凡在恭顺地臣服金帐汗国的同时，坚定而巧妙地进行着统一俄罗斯的伟大事业。但伊凡·卡利塔是位自主的大公，他既不受限于某个集体和组织，也不受限于某些行政同僚。

蒙古人派遣的大使或监管委员会并没有对伊凡·卡利塔颐指气使，他们只是偶尔来到这里，迅速但又不露声色地收取上缴的贡赋。在其余的时间里，他们给予自己的纳贡人以完全的行动自由。但那位正直的俄罗斯人的处境要艰难得多。他准备在未来备受罗马－日耳曼人奴役的政府中工作，就将与"办公室"其他同僚分工协作。但办公室主要是由上面提到的那

---

① 伊凡·卡利塔（Иван I Капита），14 世纪莫斯科大公。卡利塔是俄文直译，中文意译为"钱袋"。伊凡大公之所以被称为"钱袋"，是因为他负责为金帐汗国收取"贡赋"。——译者注

些沽名钓誉者和投机者组成的。这里的每一个人都非常愿意在负责的外国人面前诋毁自己的同事,进而扳倒他。这些外国人也将警觉而敏锐地通过自己的官方代表和间谍来监视政府的行为。在这种情况下,新的伊凡·卡利塔的行动难道会非常有效吗?特别值得强调的是,在整个社会尚未对外国人进行道德反击的情况下,这种行为已注定会失败。

剩下可以做的就是恢复交通、商品流通和整顿金融等纯粹的技术工作,但前提依然是外国人实行统治。我们是否要在这方面做些准备呢?但外国人统治的前景使所有这类技术工作变得不受欢迎。因为所有此类工作都需要与外国人密切合作,而且必然会加剧俄罗斯作为殖民地国家的处境。只要正直的俄罗斯人没有真正意识到俄罗斯这种新的前景,或者不去理会这种前景,那么,人们理所当然地想要恢复俄罗斯生活各个方面的技术工作,也不会引起内部的反对。但让他们始料未及的是,正是因为这些工作,俄罗斯将失去与实际前景之间的联系,所有这些关于技术工作的想法也将变为某种毫无结果的空想。只要人们明确地意识到,他们不是在奇迹般复兴了的伟大强国俄罗斯中工作，而是在一个殖民地国家中工作时，他们就会失去工作的兴趣，也不会去想任何关于技术工作的事情。

VII

因此，俄罗斯侨民为全面复兴俄罗斯国家生活想要从事的各种政治乃至非政治工作最终都只是徒劳。但不应该由此就认为，俄罗斯侨民可以心安理得地放任自己无所事事，或者完全陷入个人事务之中，把俄罗斯抛在脑后。恰恰相反，我们上面所描述的俄罗斯未来命运的前景是这样惨淡，以至于每一个意识到这种前景的俄罗斯人都不能漠然处之。但俄罗斯知识分子，其中也包括俄罗斯侨民，他们的活动要沿着一条与现在完全不同的轨道进行。

我们在上面已经指出，俄罗斯知识分子是否能够对国外的强权统治施以必要的精神反击，这将在很大程度上决定着备受外国奴役的俄罗斯的未来。我们也曾指出，只有在俄罗斯社会的意识和情绪发生剧变的情况下，当代俄罗斯知识分子才能实施这种反击，因为他们在心理上仍不习惯对外国人施以任何精神反击。这同时也为俄罗斯侨民的行动指明了方向。他们行动的重心应该从国家建设的技术和政治工作领域中转移出来，转移到构建世界观、创造和加强独特的民族文化中来。我们应该习惯于这种思想，即罗马－日耳曼世界及其文化是我们最可怕的敌人。我们应该毫不留情地推翻和践踏那些从西方舶来的偶像，它们所代表的社会理想和偏见时至今日仍主导着俄罗斯知识分子的思想。我们要把自己的思想和处世态度从西方的遮蔽物下解放出来。在此之后，我们应该返回自身内部，返回俄罗斯民族的精神宝库中，以寻找可以建立新的世界观的要素。我们还应该以这种精神来培养下一代。当我们不再对西方文明顶礼膜拜时，我们应该竭尽所能地建立独特的民族文化。这种民族文化应该与世界观互为基础，它生成新的世界观，与此同时，它又是这种世界观的基础。这将是一项庞大的、包罗万象的工作，它将不只是理论家、思想家、艺术家和学者的事业，也将是技术专家和普通民众的事业。这要求所有人的世界观都发生剧变。

对于所有俄罗斯知识分子而言，我们现在所说的这些任务才是现实和实际的。如果我们不能完成它们，俄罗斯将永远不能摆脱奴役。现在，个别人已经开始筹划如何完成这些任务了，但他们仍是少数，这应该成为所有人的想法。当然，如果按照这些任务的性质，首先应该在苏维埃俄罗斯开始筹划它们。显然，事情正是这样发生的。从寄自那里的私人信件来看，在人们的世界观中正发生着完全不同的、最为深刻的变革和巨大的进步，人们渴望进行充满全新精神的创造。但与此同时，这些信件也告诉我们，所有这些想法都被压制和扼杀了。布尔什维克主义者把自己的世界观强加给所有人，根本不理会自己那套思想早已衰老过时、愚蠢肤浅，更不能满足有思想之人的需要。因此，他们害怕出现任何自由的思想活动，禁止任何非马克思主义思想的宣传，这就妨碍了俄罗斯知识分子思想和道德的重生。关于共产主义国家的文化形态，布尔什维克主义者具有相当明确的观念，因此，他们企图从根本上消灭任何民族文化的创造活动。①

---

① 作者始终坚持从反西方中心主义的立场看待布尔什维克主义，坚持认为这是来自西方的、不适用于俄罗斯民族精神和文化传统的思想观念。他坚信，只有根植于俄罗斯自身精神

这些都是苏维埃俄罗斯的不利条件，这使得俄罗斯侨民的工作具有了特殊的意义和重要性。在我们侨民头上并没有苏维埃书刊检查的压力，也没有人要求俄罗斯侨民必须是马克思主义者。我们可以按照自己的意愿来思考、发表言论和写作。如果我们的某种思想不被暂时栖身的国家所容，我们可以迁至他国。因此，我们的职责就是要完成那项庞大的文化工作，因为它在苏维埃俄罗斯会经常遭遇不可克服的障碍。与现在我们的社会活动家正在进行的政治争吵相比，这项任务要重要得多。如果俄罗斯侨民真正想要在历史上扮演令人尊重的角色，它就需要抛弃所有这些不光彩的政治游戏，开始从事重建精神文化的工作。如果我们不这样做，未来的历史学家将会把我们钉到历史的耻辱柱上。

1922 年

（接上页）文化传统的世界观和思想体系才能为俄罗斯复兴指明方向。当然，当时作者已经流亡海外，对苏联国内的社会主义建设情况很难形成全面认识，因而在一定程度上使其认知也具有局限性。——译者注

我们与他们

导　语

自 19 世纪下半期起，随着现代化进程的不断深入，俄国进入深刻的变革期，特别是在 1861 年废除农奴制之后，俄国的资本主义经济获得进一步的发展。经济的发展冲击着当时的政治制度，因此，政治问题成为当时知识界热议的问题。

欧亚主义作为一场产生于侨民界的思想运动，必然也包含着自己的政治理念，这使得一些人将它与民粹主义及布尔什维克主义等政治派别联系起来。为了说明欧亚主义与"他们"的区别，更为了明确欧亚主义的政治主张和最终目标，特鲁别茨柯依在 1925 年写下了这篇名为《我们与他们》的文章。

文章从全新的文化角度对三者之间的关系进行了

深入、透彻的分析，强调指出，欧亚主义所主张的是建立一种植根于东正教传统、具有创造性和建设性的民族文化。这与民粹主义和布尔什维克主义的文化观均不相同：前者更多依靠的是俄国文化中的否定和偶然要素；后者则要建立无产阶级新文化。

进一步来说，欧亚主义提出的政治主张只是其文化主张的前提条件；欧亚主义提出的民族自主的政治要求是为了摆脱罗马－日耳曼文化的影响，建立真正自主的民族文化。

我们姑且不论特鲁别茨柯依对民粹主义和布尔什维克主义的批判是否公允，但有一点他是正确的，那就是民族文化应该建立在自身的文化传统之上，完全割裂传统的做法绝非明智之举，类似的文化实验也鲜有成功的例子。

I

欧亚主义是一场思想运动。它形成于俄罗斯侨民界生存的条件和环境中，也在其中首次明确宣布自己的存在。俄罗斯侨民是一种政治现象，是一系列政治事件的直接后果。无论俄罗斯侨民如何想要远离政治，但只要他们仍是侨民，他们就无从逃避。人们逃亡是因为那些著名政治事件发生后所引起的恐慌：一旦引起恐慌的原因不复存在，逃亡者——因为他只是逃亡者——就可能重返祖国。人们移民则是因为社会上一部分人的信念与执政集团的信念之间存在不可调和的矛盾，而且这种矛盾已经激化到了极点。只要信念上的这种分歧没有解决，即使那里引起恐慌的部分原因（恐怖、饥荒等）已经得到解决，侨民也不会重返祖国。然而，重返祖国是每个人朝思暮想的事情，因此，逃亡者总是试探地相互询问，那个引起他们恐慌的东西是不是已经过去了，或是已经变得不再那么令人恐惧了；而侨民们则在相互探讨，究竟在何种性质的政府之下，他们与政府之间的原则性分歧才不是实质性的。因此，俄罗斯侨民要围绕政治话题不断进行讨论和思考，他们想要完全摆脱政治的愿望也是不可能的。正因如此，人们经常要从政治内容观点出发来看待侨民界的每一个思想流派。对待欧亚主义自然也不例外。

欧亚主义者所面临的问题是：你们是谁？是右派、左派还是中间派？是帝制派还是共和派？是民主派还是贵族派？是立宪派还是专制派？是社会主义者还是资产阶级制度的拥护者？当我们还没有直接回答这些问题时，或许就有人开始怀疑我们有深藏不露的阴谋，或者轻蔑地耸耸肩膀，宣称整场"运动"是纯粹的文学思潮和简单的标新立异。

II

之所以会出现这种误解和沟通障碍，是因为欧亚主义者以完全不同的方式提出了政治与文化之间的关系问题。俄罗斯知识界并不熟悉这种方式。

从彼得大帝时期开始，在所有俄罗斯知识分子（在广义上来说知识分子是指所有"受过教育的人"）的意识之中就至少存在两种观念，或具体而言是两个观念综合体："俄罗斯是伟大的欧洲强国"和"欧洲文明"。每个人所属的"流派"在很大程度上取决于他对这两种观念所持的态度。曾有过两种完全对立的立场。对于一些人而言，俄罗斯是伟大的欧洲强国这一事实比所有东西都珍贵。他们认为，无论付出什么代价，必须要让俄罗斯成为一个强盛而伟大的欧洲强国，哪怕为此奴化整个民族和社会，哪怕为此完全拒绝欧洲文明启蒙主义和人本主义传统。这些是反动政府的代表。对于另外一些人而言，最珍贵的是欧洲文明的"进步"观念。他们认为，无论付出什么代价，必须要让俄罗斯实现欧洲文明的理念（换言之，所谓的欧洲文明理念，一些人认为是民主，一些人认为是社会主义），从而成为进步的欧洲国家。哪怕为此国家不那么强大，俄罗斯未必一定要成为伟大强国（也就是说，按照一方的观点，应实现民主理念；而按照另一方的观点，应实现社会主义理念）。这些是进步社会激进的代表。

悲剧就在于，在俄罗斯生活的条件下，两者中无论哪一派都没能彻底实现其理念。每一方都注意到了对方的内在矛盾和不足，却从未发现其自身也存在同样的缺陷。一方面，反对派非常清楚，如果实现俄罗斯的民主，就意味着放任半野蛮的（从欧洲的观点来看）、未受过教育群体的自发力量，那么，即使是进步派自身也会对俄罗斯业已存在的欧洲文明造成无法弥补的打击。另一方面，进步派正确地指出了这一点：为了捍卫俄罗斯在"欧洲强国舞台"上的地位，它必须在国内政治上接近其他欧洲国家的水平。但无论是改良－民主派，还是革命－进步派都没有意识到自身的不切实际和内在缺陷。当然，还曾有人主张"黄金分割点""理性保守主义""合理自由主义"，试图调和爱国主义的强国梦与国内政治自由主义的要求。但最后这部分俄罗斯受教育群体也陷入乌托邦之中。从根本上来说，俄罗斯的强国理念和在俄罗斯土壤中实现欧洲文明理想的观念都是虚伪的。它们之间的不同组合形成了俄罗斯不同的政治流派。这两种基本观念都是彼得大帝改革的产物。彼得大帝强制推行改革，从未征求过俄罗斯民众的意愿。因此，对俄罗斯民众而言，这两种产生于彼得改革中的观念是有机的异质观念。俄罗斯民众从未关心过俄罗斯是否要成为伟大的欧洲强国，也没有关心过欧洲进步的理想。在俄罗斯民众表里不一的沉默和冷漠之下，无论是俄罗斯的欧洲强国地位，还是俄罗斯民族上层的欧洲启蒙，都可以在俄罗斯的土壤中坚持相当长的一段时间。民众构成了整个俄罗斯大厦的天然地基，只要他们稍微挪动一下，那么，无论两者中的哪个都会马上出现裂缝，并随之崩塌。由于从实质上来说，各种俄罗斯思想"流派"都是俄罗斯欧洲强国观念和欧洲进步理想观念的不同组合而已，因此，它们之间的任何争论都是毫无结果和徒劳无益的。这就好像工程师建造房屋一样，他们在临时搭建的脚手架上开始建造房屋的墙壁，争论着要做成什么样的房顶，而完全忘记了自己是怎样又是为何建造这个脚手架的；脚手架突然活了，开始动起来，房屋的墙壁裂开了，倒塌了，一些工程师被掩埋在了下面，关于房顶的争论也失去了任何意义。

理所当然的是，一旦意识到这样一幅图景，人们就会改变看待那些政治问题的视角，它们至今仍困扰着俄罗斯社会。因为人们以特定的文化－历史概念为前提来讨论这些问题。这些概念是在后彼得时代进入俄罗斯受教育群体的头脑之中的，但对于俄罗斯民众而言，它们仍是有机异质的东西。因为意识到了这一点，我们不再相信欧洲文化的普适性和绝对价值，也不承认"世界进步法则"的普遍必要性，所以，为了解决这些政治问题，我们首先需要寻求全新的文化－历史基础。这就是当原有的俄罗斯"流派"遭遇欧亚主义时会产生误解的原因。欧亚主义驳斥的不是原有流派的某个政治信念，而是与之相伴的那个文化－历史背景。无论右派、左派、中间派，还是保守主义者、革命主义者、自由主义者，他们无一例外都是在后彼得时代的俄罗斯及欧洲文化的背景下展开想象的。当谈论某种统治形式的时候，他们也是在欧洲文化或实现西化的、后彼得时代俄罗斯的背景之下思考它的。他们提倡的政治体制或政治理念的改变和改革只关乎这个体制或这些理念，但不关乎文化背景本身。然而，对于欧亚主义而言，最重要的恰恰是改变文化。欧亚主义认为，如果只改变政治体制或政治理念，而不改变文化，这并不是实质性的和合理的改变。

III

任何一个以国家形态存在的民族，它的文化中必然包含着政治理念或学说，这是其构成要素之一。因此，我们呼吁构建新文化，其中也包含着呼吁构建新的政治意识形态。因此，指责欧亚主义宣扬政治冷漠主义、漠视政治问题，这是没有根据的。但人们仍经常把欧亚主义同某种旧的思想政治流派等同起来，这同样也是错误的。欧亚主义反对的是欧洲文化不容反驳的权威。但由于人们习惯把欧洲文化的概念同"进步"联系起来，所以许多人认为，欧亚主义是反动流派。欧亚主义提出了构建民族文化的要求，并明确指出，俄罗斯民族文化离不开东正教。这又让许多人习惯性地想到了臭名昭著的"专制、东正教和人民性"[①]口号，更加确信欧亚主义就是俄罗斯反动分子旧有意识形态的新形式。受这种错觉迷惑的不只左派，还有许多急于宣称欧亚主义为"自己人"的右派。这是深刻的误解。俄罗斯右派口中的"专制、东正教和人民性"口号具有十分明确的含义。严格地说，整个口号可以仅用"专制"这个词来代替。乌瓦罗夫伯爵把"人民性"界定为"专制"与"东正教"的连接。至于"东正教"，反动政府的代表认为它就是（而至今仍无意识地这样

[①] 这是沙俄帝国时代教育大臣乌瓦罗夫提出的政治口号，一直被视为反动保守势力的标志性口号。谢尔盖·谢苗诺维奇·乌瓦罗夫（1786—1855），伯爵、19世纪上半期俄罗斯重要的国务活动家，在1833—1849年任国民教育大臣。——译者注

理解）正教院 [1] 的东正教。因此，俄国反动分子口中的"俄国精神"无外乎就是关于"人民"的虚假而空泛的言论，以及 19 世纪傻里傻气的俄罗斯版画所描绘的场景：沙皇军队身着普鲁士样式的制服，在操练场上进行阅兵训练。他们所认为的"东正教"，也只不过是在法定假日时庄严的僧侣祈祷，或祷告某个神圣的大人物长寿而已。对于他们而言，无论是东正教，还是人民性都只不过是专制制度生动而传统的道具罢了。而只有专制制度才是绝对宝贵的。这些反动分子将亚历山大三世和尼古拉一世的统治视为俄国历史上专制制度的理想典范。当然，所有这些不仅与欧亚主义毫无共同之处，甚至与其直接对立。欧亚主义在宣扬俄罗斯民族文化时，它在思想上排斥所有后彼得时期、圣彼得堡时期、沙皇－正教院时期的俄罗斯历史。在欧亚主义者眼中，俄罗斯历史的主要价值不是这个时期的君主专制，而是深刻的、全民族的东正教宗教情感。正是在这种情感的鼓舞下，俄罗斯人摆脱了鞑

---

① 正教院是俄罗斯管理东正教事务的国家最高机构，最早设立于 1721 年彼得大帝改革期间，是彼得大帝使东正教臣服于沙皇专制制度的重要举措。——译者注

鞑人的统治，东正教的俄国沙皇掌握了政权。也正是在这种情感的鼓舞下，拔都汗的乌鲁斯变为了东正教的俄罗斯国家。欧亚主义将君主专制看作前彼得时期真正的民族君主政体的退化。这里所说的"专制"当然是指一种精神实质，而不是在某些领域曾有过记载的政治现实。君主专制割断了与"习俗信仰"之间的联系，自然会依靠奴役和军国主义实行统治。在古罗斯，这种"习俗信仰"曾是沙皇政权的精神依托，人们忠诚地拥护沙皇的形象。欧亚主义不能容忍把东正教变为专制的简单道具，也不能容忍把"人民性"变为官场上的演讲。我们要求的是真正的东正教、东正教化的习俗、真正的以"习俗信仰"为基础的民族文化。我们视之为理想的君主政体只是这样一种君主政体，它是民族文化的有机结果。

IV

欧亚主义明确反对俄罗斯的君主制，强调真正的民族独特性的价值。这可能引起另外一种误解，把欧亚主义与革命民粹主义等同起来。但欧亚主义与这种民粹主义截然不同。无论如何，俄罗斯的革命民粹主义过去是社会主义的变种，现在仍然如此。社会主义是由罗马－日耳曼文化所产生的，在精神上与欧亚主义是完全异质的。即使民粹主义温和派已大大弱化了社会主义因素，但从原则上来说，事情并没有因此而改变。在如何看待所谓的"俄罗斯独特性"问题上，民粹主义者在根本上有别于欧亚主义者。民粹主义仅从百姓的习俗、百姓的夙愿和意识形态中人为地选取了一些要素，比如村社经济、村社会议、集体合伙经营原则、关于"土地就是上帝"的观念、理性主义教派、对"老爷"们怀恨在心、颂扬强盗等。民粹主义者把这些习俗、世界观和思想建构等方面的要素从它们的历史背景中剥离出来，并使之理想化，把它们解释成唯一实质的、真正的民族要素，从而遮蔽了其他要素。他们当然是按照有利于社会主义的原则挑选出这些要素的。从是否有利于社会主义原则的角度来看，所有在民众习俗和世界观中不利的东西，都被他们视为"落后"和"民众的愚昧"。他们认为，这些东西可以通过学校教育和宣传活动予以克服。学校教育和宣传活动还应赋予民众某些他们本来"缺少"的特征，这些特征是"先进的西方民主国家"所具有的。民粹主义者所想象的未来俄罗斯是一个典型的民主共和国，它有议会制度，有异常广泛的、普及到几乎所有两性公民（未成年人除外）的选举权，它实行政教分离，不仅要在国家生活中完全实现世俗化，而且在家庭生活中亦然，等等。这是完全来自罗马－日耳曼思想家们的理想。俄罗斯独特性的作用仅在于，土地被设想为按照劳动使用权进行分配。然而，即使是这种分配，一旦在全国范围内普及，我们就很难将它与俄国乡村的"米尔"①联系起来。因此，对于民粹主义者而言，独特性只充当了拥抱西化、消除与西方差异的跳板。"到民众中去"最后只是某种特殊的战略和手段，以便在俄罗斯实现西化和罗马－日耳曼文明的著名理想。在外在的独特性与明确的西方主义内在实质之间存在着内在矛盾。这两者的荒诞组合始终是俄国革命民粹主义的致命弱点。

正是由于革命民粹主义具有社会主义和西方主义

---

① 米尔是俄国的村社，实行集体经济制度，土地为村社所共有，按劳动需要进行分配。——译者注

本质，所以，欧亚主义不可能接受它。对于俄罗斯的民族文化，欧亚主义并不希望它被某些罗马－日耳曼的生活方式所取代。这些生活方式或者是在欧洲既有的，或者只是欧洲政论家所想象出来的。与之相反，欧亚主义希望俄罗斯的民族文化可以挣脱罗马－日耳曼的影响，走上真正自主的民族发展之路。当然，欧亚主义也不是不加甄别地接受俄罗斯民众中现有的或曾经有过的一切独特之处。我们也要在有价值的和有害的或平庸的特征之间做出选择。但主导欧亚主义做出选择的不是该种俄罗斯文化或民间习俗的现象是否有利于实现某个欧洲理想（如社会主义、民主共和国等），而无一例外地是根据该种现象是否具有与俄罗斯民族文化普遍联系的内在价值。从这个观点来看，必须区分偶然的、暂时的现象和具有永恒意义的深层现象，进一步而言，还必须区分创造性的、建设性的现象和破坏性的现象。因此，民粹主义者尤为坚持村社经济，但它是暂时的、历史性的经济形式，而且注定要在历史过程中消亡。摧毁村社并向土地私有制过渡是必然的历史趋势，任何人为的措施都不可能阻止它。土地集体所有制妨碍了农业经济生产力的发展，因此，它甚至应该被视为有害的、破坏性的文化现象，我们应该推动其他经济形式来取代它。欧亚主义倡导俄罗斯的独特性，但村社经济并不是它的本质特征。民粹主义者对民众的世界观及其在民间创作中的表现视而不见。民众对上帝意志的顺从、对沙皇政权的理想化、精神的自发力量、笃信上帝、仪式性的祈祷，这些都被民粹主义者视为"愚昧"。然而，所有这些特征反映出民族稳定性的基础，从民族文化的角度来看，它们才是最珍贵的。与此相反，民粹主义者尤其关注一切不稳定性的表现。它们表现在思想领域和民间创作中，比如，民众对"老爷"的仇恨、各种理想化强盗的歌曲和传说、嘲讽"神父"的各种寓言等。显然，这些纯粹是否定的反文化和反社会的现象，其中不包含任何文化创造的可能。而且，在民众心理这些否定要素中，民粹主义者却只注重其最否定的一面：他们重视对"老爷"的仇恨。这种仇恨是"社会性的"，正是它自身的这种形式破坏了民族的统一，因此，它绝对是有害的。只有当"老爷"是异族的、非本民族的文化代表时，这种仇恨才可能在一定程度上是有益的。

　　欧亚主义和民粹主义之间最根本的分歧表现在对待宗教的态度上。作为社会主义者的民粹主义者，他们中的绝大多数都是无神论者，或者至少是抽象的自然神论者。在民众的宗教生活中，他们所能"理解"和重视的只有理性主义教派。欧亚主义立足于东正教，相信它是唯一真正的基督教形式。欧亚主义者相信，正是作为唯一信仰的东正教，才是俄罗斯历史的创造动力。根据东正教教义不难看出，新教和理性主义教派都是感性而堕落的宗教形式。斯顿得派①、浸礼派和其他理性主义教派曾在传教中取得一定的成功。这是两个世纪西化的悲惨结果。在此期间，我们民族的上、下两层被巨大的鸿沟所隔绝。知识分子等群体对东正教的精神宝藏视而不见，把它看作庄稼汉的信仰，是沾染上了西方基督教的堕落形式。俄国政府则封锁和惩罚俄罗斯教会，剥夺它的一切主动权和行动自由。他们既不采取任何提高神职人员水平的措施，也不进行真正的东正教启蒙普及。在俄罗斯历史上这些艰难

---

① 斯顿得派（штундизм），19世纪下半期在俄罗斯和乌克兰农民中的一个教派，它在新教的影响下出现，后加入浸礼派。

岁月中，民众无意识地渴望着真正的东正教精神，但他们无法在教堂里找到这种精神，只能在低贱的理性主义诱惑下束手就擒。正是那些在真理之路上被打败下来的知识分子群体向民众宣扬了理性主义，因此，在这段历史时期，民众经常远离教堂。我们在这种悲惨的现状中看到的是疾病的症候。俄国政府曾采取暴力手段与这种症候进行斗争，这当然是不正确的。因为需要治疗的是疾病本身。民粹主义者把这些症候视为某种健康的东西，这就更不正确了。无论从哪种角度来看，理性主义教派都不应被视为一种肯定的现象：从宗教角度来看，这是一种倒退；从民族文化的角度来看，这是一种细菌，它会侵蚀民族的统一，妨碍整个民族在精神文化领域的友好合作。

对于基督徒而言，基督教不是某种特定民族文化的要素，而是一种酵素。它能够进入不同的文化之中，推动它们沿着某个方向发展，但并不消除它们的自主性和独特性。如果把基督教从俄罗斯民族意识中剥离出来，或者用堕落的、理性主义仿制品来取代真正的基督教（东正教），这意味着俄罗斯文化将丧失创造力，走向毁灭之路。因此，欧亚主义与民粹主义在宗教问题上存在着分歧，这恰恰消除了两种流派相互接近的任何可能性。

值得强调的是，两派的根本分歧正是在宗教领域，因此，我们会对构成民族文化基础的民众心理要素做出肯定或否定的评价。与宗教上的分歧相比，两派在政治上的分歧还是次要的。革命民粹主义坚持自己的共和制。如果这是一个东正教的俄罗斯共和国，其中每一位经选举产生的任期总统（"古罗斯时期的地方行政长官"）既把自己视为在上帝面前负有责任的民众代表，也把自己视为东正教的捍卫者；如果在这个共和国中，总统和议员的选举不再玩弄民众的激情和仇恨，那么，欧亚主义对这样的共和国没有任何异议，而且，在任何情况下，都认为它比经过"欧洲启蒙"的君主制要优越。欧洲君主制自上而下推行西化，并玩弄教会于股掌之间。建成这样的共和国或许并不难，问题在于革命民粹主义对这样的共和制是否能感到满意。

V

最后，还需要回答一个问题：欧亚主义和布尔什维克主义之间是什么关系。有些人似乎钟情于"一针见血"地指出问题，他们有时试图把欧亚主义定性为"东正教的布尔什维克"，或者"斯拉夫主义和布尔什维克的私生子"。尽管任何人都清楚这些说法是荒谬的（"东正教的布尔什维克"就好似"光明的黑暗"一样荒谬），但欧亚主义和布尔什维克之间的相似和分歧之处仍值得更加细致地考察。

欧亚主义与布尔什维克主义之间的相似之处在于，它们不仅反对某些政治形式，而且反对整个文化。十月革命前，这种文化一直存在于俄罗斯。现在，它继续存在于罗马－日耳曼的西方各国。欧亚主义与布尔什维克主义要求从根本上改变它。欧亚主义同布尔什维克的相似之处还在于，它们都号召解放那些备受殖民主义强国奴役的亚洲和非洲人民。

但所有这些相似之处都只是外在的、形式上的。布尔什维克主义与欧亚主义的内在动机是完全对立的。布尔什维克主义者认为，那个需要被替代的文化是"资产阶级"的文化，而欧亚主义者则认为它是"罗马－日耳曼"的文化；布尔什维克主义者认为，应该由"无产阶级"文化取代"资产阶级"文化，但欧亚主义者则认为，应该由"民族的"文化（对于俄罗斯而言，也就是欧亚文化）取代"罗马－日耳曼"的文化。根据马克思主义理论，布尔什维克主义者认为，文化是由特定的阶级创造的；欧亚主义者则把文化视为特定族群、民族或种族活动的成果。因此，"资产阶级"和"无产阶级"文化这两个概念在欧亚主义者看来，如果是布尔什维克主义者所使用的意义，那么，它们就是假想出来的概念。在任何社会分化的民族中，上层文化与底层文化之间都存在某些差异。在正常健康的民族有机体中，它表现为同一种文化不同水平之间的差异。如果我们把社会上层称为"资产阶级"，社会底层称为"无产阶级"，那么，用无产阶级文化取代资产阶级文化将导致整体文化水平的下降，导致文化的平庸化和退化。这难道可以被视为理想吗？在那些不健康的、身染西化重病的民族中，上层文化与底层文化之间的差异不是数量上的，更多是质量上的。社会底层继续生活在文化的残余中，这些文化残余水平较低，曾是本土民族文化的基础；社会上层则生活在异族文化中，它是水平较高的罗马－日耳曼文化。在社会上层和底层之间生活着一个没有任何文化的阶层。由于这个民族上层和底层的文化分属不同的两种类型，因此，中间阶层的人们既远离底层文化，也不接近上层文化。正是对这些民族而言（其中也包括彼得改革之后直至十月革命前的俄罗斯），可能存在用底层文化取代上层文化的意愿，但这也只是象征性的说法。然而，我们应该考虑的不是上层文化向底层文化（底层文化不可避免是相对原始的文化）的过渡，而是创新上层文化，使之与底层文化之间的差异不是性质上的，而是水平上的。只有在此前提下才能消除没有文化的中间阶层，才能使这个民族的文化变得完整，使这个民族成为健康的有机体，也才能使民族有机体获得进一步发展的能力，无论是上层，还是底层都能进一步发展。这正是欧亚主义所倡导的。显然，这里所说的不是改变文化的阶级属性，而是它的民族属性。

　　布尔什维克主义者完全从马克思主义视角出发来解决文化问题，他们自然无法完成自己的设想：取代原有文化，建立一种新文化。他们的"无产阶级文化"或者表现为野蛮化，或者表现为对原有资产阶级文化的拙劣模仿。无论是何种情况，它都只是一味地破坏，没有任何建设。无论布尔什维克主义者如何努力，他们都无法建立新的文化。这很好地表明了布尔什维克主义的理论前提是虚幻的，"文化无产阶级化"的任务是不可实现的。"无产阶级文化"的概念注定是空洞的，因为"无产阶级"概念本身是一个纯粹的经济概念，它除了经济特征，没有其他任何具体的文化特征。"民族文化"概念的情况则完全不同，因为任何一个民族都是某种具体文化事实上的或潜在的表达者和创造者，因此，在这个概念中就包含了文化建设的元素和方向等具体特征。只有个别民族才能建构新文化，它们或者尚未具有自己独立的文化，或者处于异族文化主导的影响之下。而且，这种新文化只能同某个或某些异族的文化相对立。由此可见，如果布尔什维克主义者与欧亚主义者的共同任务是推翻旧文化和建立新文化，那么，布尔什维克主义者只能完成第一项任务，而不能完成第二项任务。然而，在进行破坏的同时却没有建设自然不会产生好的结果。首先，如果破坏者没有明确的观念，不知道要在被破坏的废墟上建立什么，或者他们持有错误的观念，那么，他必然会破坏或试图破坏那些本该保留下来的东西。其次，当破坏的步伐远快于建设的步伐，或者在破坏之后没有任何建设的时候，这个民族将在很长一段时间里处于无文化的状态。这不可能不损害该民族。因此，尽管布尔什维克主义者主要破坏俄罗斯所移植过来的欧洲文化，欧亚主义者也认为需要根除这些文化，但欧亚主义还是不能拥护这项破坏工作。至于布尔什维克主义者试图进行的创造，欧亚主义对此也持否定的态度。因为它们或者浸满了马克思主义的乌托邦思想，或者试图在俄罗斯土壤中引入新的罗马－日耳曼文明要素。而且，绝大部分这些要素是欧亚主义最不能接受的。它们带有罗马－日耳曼文明退化和衰落的明显特征。

从上面的叙述中可以看出，在俄罗斯与世界非罗马－日耳曼各民族之间的关系问题上，布尔什维克主义者与欧亚主义之间的相似之处也是外在的。欧亚主义号召世界所有民族都要摆脱罗马－日耳曼文化的影响，重新走上建立自己民族文化的道路。欧亚主义同时也承认，罗马－日耳曼文化的影响会因所谓的"文明"民族对"殖民地"民族的经济控制得到加强。因此，欧亚主义也号召各民族争取摆脱这种经济控制。但对于欧亚主义而言，这种经济解放并不是目的，而只是摆脱罗马－日耳曼文化影响的必要条件之一。在摆脱罗马－日耳曼文化影响的同时，要加强民族文化的基础，促进它的自主发展。在所有这些问题上，布尔什维克主义者的目标都与之直接冲突。

简言之，布尔什维克主义和欧亚主义是绝对对立的，它们之间没有任何合作的可能。布尔什维克主义和欧亚主义之间的对立不是偶然的，而是植根于两场运动的深刻本质之中。欧亚主义是宗教运动，是捍卫上帝的运动。在创世主否定的暴力行为和进行真正建设的力有未逮之间，在渎神地否定宗教逻各斯和理性主义乌托邦（这与生命的自然本性相矛盾）之间，存在着深刻的内在关联。但大自然不允许纯粹的破坏，它威严地要求创造。所有无力进行建设性创造的主义注定要灭亡，只是时间早晚而已。但无论是改良的意识形态还是民粹主义，它们都不具有积极创造的真正特征。前者要用修补和重建被破坏的东西来代替创造。后者无视上帝确立的文化建设任务，并同样沾染了退化衰落的欧洲文明意识形态。布尔什维克主义的积极意义可能只在于，它向所有人展示了隐藏在面具后面的真实面目。除此之外，布尔什维克主义在自己的生命中深耕了俄罗斯的处女地，把原本在下面的土地翻到了表层，把原本在表层的土地翻到了下层。当需要有人来建立新的民族文化时，或许这些人恰好就处在俄罗斯生活的表层中，他们是被布尔什维克主义者偶然翻到的。无论如何，挑选这些新人的必要条件应该是，他们对建立民族文化事业的准备程度，以及他们是否与俄罗斯历史中积极的精神基础之间存在联系。只有在确立了民族原则，感觉到人类及民族与创世主之间宗教联系的情况下，真正有建设性的创造才是可能的。[1]

1925 年

---

[1] 需要指出的是，文中对布尔什维克主义的批判基于作者本人的宗教立场。他认为布尔什维克主义具有无神甚至渎神的性质，这对于笃信东正教的特鲁别茨柯依而言是不可接受的。他认为东正教对于重建俄罗斯具有关键作用，是其民族创造力的来源。——译者注

真假民族主义

导　语

　　民族主义是一种常见的社会思潮，但究竟什么是真正的民族主义，它与自主性的民族文化之间是什么样的关系呢？特鲁别茨柯依提出，真正的民族主义应是以构建自主性的民族文化为唯一目标。他以此为标准对各种民族主义形式进行考察，主要分析了包括沙文主义等在内的三种虚假的民族主义形式。

　　在特鲁别茨柯依看来，真正的民族主义必然与民族及其成员的自我认知联系在一起。因为真正的民族主义要求建构自主性的民族文化，这种文化会促进该民族及其成员实现自我认知。无论对民族还是对个人而言，自我认知都是其在尘世的最高和唯一目的。

　　时至今日，这种讨论文化自主性与民族主义关系的方式仍对我们具有一定的启示意义，特别是在全球化时代，在各种关涉民族和族群的话题已经退出许多国家社会和政治生活主流之外的时代。

　　人们对自己民族文化的态度可能会相当不同。罗马－日耳曼人的态度取决于某种特殊心理，我们把这种心理称为自我中心主义。"一个人一旦表现出鲜明的自我中心主义心理，他就会无意识地把自己看作宇宙的中心、创造的典范、最完美的存在。他们以自己为标准区分两类存在，哪类与它接近，与它更为相似就更好一些，哪类与它相距较远则更差一些。因此，在他看来，他所在的任何一个自然存在群体都是最完美的。他的家庭、阶层、民族、部族、种族都好过其他一切与之相对应的家庭、阶层、民族、部族、种族。"因为罗马－日耳曼人已完全被这种心理所浸透，所以，他们正是以此为基础来评价世界上的各种文化。他们对待文化只会有两种态度：其一是承认某个民族的文化是世界上最崇高和完善的文化，而这个民族正是做出"评价"的主体民族（德国人、法国人等）；其二是不仅承认某个民族文化是最完善的文化，而且那些与这种文化相类似的近亲文化也是最完善的文化，它们组成了一个由所有罗马－日耳曼民族共同创造的文化集群。第一种形式在欧洲被称为狭隘的沙文主义（德国的沙文主义、法国的沙文主义等）。第二种形式更为准确地应被称为"普遍的罗马－日耳曼沙文主义"。但罗马－日耳曼人总是那样天真地相信，只有他们才可自称为"人类"，只有他们的文化才堪称"人类普遍的文明"，而他们的沙文主义也就成了"世界主义"。至于那些接受了"欧洲文化"的非罗马－日耳曼民族，它们通常在接受欧洲文化的同时，也从罗马－日耳曼人那里学会了他们对文化的评价方式，甘心接受"人类普遍文明""世界主义"这类伪概念的蒙蔽。它们所掩饰的是其狭隘的人类学概念。正因为如此，这些民族所进行的文化评价已然不是建立在自我中心主义的基础之上，而是建立在某种独特的"偏心主义"基础之上，确切地说，是建立在"欧洲中心主义"的基础之上。我们在其他地方也曾提到，欧洲中心主义会为西化的非罗马－日耳曼民族带来哪些灾难性后果。要想摆脱这些灾难性后果，西化的非罗马－日耳曼民族知识分子要彻底实现自我意识变革，并从根本上改变文化评价的方式。只有当这些知识分子明确地意识到，欧洲文明并不是人类普遍的文化，而只是某个人类群体，即罗马－日耳曼人的文化（因此，它只对于罗马－日耳曼人而言是必然的）时，他们才能实现这种自我意识的变革。只有依靠这种转变，西化的非罗马－日耳曼民族对于所有文化问题的态度才会相应地发生根本性变化。原有的欧洲中心主义立场将被新的、建立在完全不同的基础之上的立场所取代。

任何一个非罗马－日耳曼民族的使命就在于：首先，要避免任何形式的自我中心主义；其次，要使自己免受"普世文明"谎言的欺骗，不再想方设法地成为"真正的欧洲人"。这个使命可以用两句名言来概述，那就是"认识你自己"和"做你自己"。

只有在实现自我认知的情况下，我们才能与自我中心主义作斗争。真正的自我意识会为个人（或民族）指明其在世界上的真正地位。它会告诉你，你并不是宇宙的中心、大地的顶峰。这种自我意识还会使个人从整体上认清人类（或民族）的本质，即不仅是他个人——自我认知的主体，而且那些与他相类似的其他任何主体都不是中心或顶峰。通过不断深化自我认知，个人或民族就会由认识自身本质走向对所有人、所有民族做出等值评价。这种认知的结果之一就是强调自身的自主性，努力成为自己。这不仅是愿景，而且是可以企及的现实。因为一个没有认清自己的人，是不可能也无力做他自己的。

只有在绝对明确和完整地认识了自己的天性和本质的时候，人们才能保持自主，每时每刻都不会自相矛盾，既不欺骗自己，也不欺骗他人。只有在明确和完整地认识了自己本性的基础上，才能实现个性的和谐与完满，进而实现尘世间的最高幸福。与此同时，这也体现了道德的实质，因为当一个人真正实现自我认知的时候，他首先会异常清晰地识别出良知的声音。如果一个人始终不违背本心，始终问心无愧，那么，他毫无疑问是一位道德高尚的人。这正是一个人能够企及的最高精神之美。因为当一个人尚未实现真正的自我认知时，会不可避免地自欺欺人和自相矛盾，这会使人的内心变得丑陋不堪。在自我认知中也包含着人类所能企及的最高智慧，它不仅是实践上的、生活中的智慧，也是理论上的智慧，因为任何其他认知都是虚假和无谓的。最后，只有实现在自我认知基础上的自主，个人（和民族）才能确信，自己的确是在履行尘世的使命，自己的确就是为了这个目的而被创造出来的。简言之，自我认知是人在尘世间唯一且最高的目的。这不仅是目的，同时也是方式。

这并不是什么新思想，而是古老的思想。早在两千三百年之前，苏格拉底就曾阐述过这种思想。但并非苏格拉底自己创造了这种思想，而是在古希腊德尔菲神庙中读到了它。但苏格拉底是明确阐发这种思想的第一人，也是认识到自我认知是逻辑和伦理学问题的第一人。换言之，自我认知不仅关系到应该如何正确思考，也关系到何为道德的生活。对每个人而言，"认识你自己"是一条相同的生命法则，但它实际上却赋予每个人不同的使命。正是由于这条法则综合了相对与绝对、主观和普遍的东西，它才可能成为超越时空的原则，被不同民族、不同历史时期的人们所接受。时至今日，这个原则依然有效，而且对于所有民族而言都是有效的。不难证实，在世界上现存的各种宗教中，没有一个是否定和排斥苏格拉底生命法则的，有些宗教甚至强调和深化了这条法则。我们甚至可以证明，大多数的去宗教化的观念也并不违背这个原则。但这就离题太远了，远离了我们讨论的直接目的。

特别需要强调的是，自我认知的结果会有很大不同，不仅取决于认知主体的个性，也取决于认知本身的程度和形式。从实质上来说，基督教神职人员的工作就是自我认知。他们要克服罪恶的诱惑，努力成为上帝所造的没有原罪的人。这种认知是在天启的指引之下，通过连续祈祷实现的。它不仅引导神职人员走向更高的道德完善，而且帮助他们顿悟存在和创世的意义。苏格拉底的自我认知没有具体的形而上学的内容，它更多地强调个体和谐的心理、明智的行为，甚至在解决生活问题上的洞察力。与此同时，这种自我认知也体现在形而上学的不可知论。一些人的自我认知主要是由逻辑反应主导的，另一些人则是出于非理性的本能。自我认知的形式是多种多样的，唯一重要的是：是否能够获得关于自我本身的或多或少明确而完整的概念；是否能够清楚地了解自己的本性、构成本性的每个元素，以及每种本性表现与其整体的关系。

以上我们所谈到的这些并不只适用于个体的自我认知，也适用于群体的自我认知。如果我们把民族视为一个心理整体，视为某种已知的集成个体，那么应该承认，这个民族可能而且必须具有某种形式的自我认知。自我认知与个性的概念逻辑相关。在个性存在的地方，也必须存在自我认知。如果说在个人生活领域中，自我认知已成为包罗万象的目的，涵盖了个人所能企及的全部幸福，他所能实现的最高道德、精神之美和智慧，那么，这也将成为一个民族的普遍原则。民族的独特性在于民族会存在几个世纪，在这些世纪中它的个性会不断变化，因此，尽管民族的自我认知总会形成某种已知的储备，作为任何一种新的自我认知的基础，但对于下一个时代而言，前一个时代民族自我认知的结果仍是无效的。

"认识你自己"和"做你自己"是同一个表述的两个方面。如果一个人实现了真正的自我认知，那么，他会外在地表现为和谐自主的生活和行动。如果一个民族实现了自我认知，那么，它就表现为具有自主的民族文化。在一个民族自主性的文化中，该民族的精神本质和个性特点可以获得最全面和明确的表现，并且这种文化是完全自洽的，也就是说，它的各个组成部分并不相互矛盾，如此，这个民族就认识了它自己。任何一个民族真正的目标就是建构这种文化。与之相同，该民族每个成员真正的目标是形成某种生活方式，在这种生活中，所有个体都可以完整、清楚并自洽地实现其独特的精神本质。这两种使命——民族的使命及其成员的使命是以最紧密的方式相互联系在一起的，两者互相补充、互为前提。每个人在进行自己独特的自我认知时，他不是在简单地认识自己，同时也是作为民族的代表之一。每个人的心灵世界中始终包含着某些民族的心理要素。每个独立载体的精神面貌必然具有某些民族个性的特征。这些特征因个体的不同会出现不同的组合，并与更为私人的（个体的、家庭的、阶层的）特征结合起来。在自我认知的过程中，这些民族特征因与个体特点之间形成特定的共同联系而得到加强，并使之获得了升华。由于该个体在认识自己的同时也开始"做自己"，因此，他无疑会成为自己民族的鲜明代表。他已经充分意识到自身独特的个性，因此，他的生活就是这种个性充分而自洽的表现，这也无疑会表现出民族的特点。如果这个人从事的是文化创造的工作，那么，他的创作在表现个性特征的同时，不可避免地也会带有自己民族的色彩，至少不会与民族特点相抵触。如果我们所说的这个人并没有积极地参与文化创造，而只是被动地接受这种创造的成果，或者只是作为自己民族文化生活某个领域的执行者而参与其中——即使在这种情况下，他的生活和行为中也会充分而鲜明地表现出某些民族的特征（主要是品位和倾向）。这个事实本身无疑会不断强化该民族习俗的共同特征。习俗正是赋予创造者文化价值的东西，也为他们提供了创造的任务和素材。因此，个体的自我认知促进了自主性民族文化的形成，如上所述，文化自主性与民族的自我认知直接相关。

相应地，自主性的民族文化本身也会促进该民族独立个体的自我认知。它可以帮助这些个体发现并理解他们心理上的某些本质特征。这些特征表现为共同的民族特征。因为在真正的民族文化中，所有这些特征都能够获得鲜明而突出的表现。这就使得任何个体可以轻而易举地在自身中发现它们，（通过文化）认识它们的真正形式，并在共同的生活前景中赋予它们公正的评价。自治的自主性民族文化使得该民族群体中的任何一个成员都能够在做他自己和成为他自己的同时，也能与自己的同族人保持经常性的交往。在这种情况下，每个人都可以完全真诚地参与自己民族的文化生活，不必曲意迎合，也不必在他人和自己面前装模作样。

综上所述，在个体和民族的自我认识之间存在着最为紧密的内在联系，两者经常发生互动。在该民族中"认识了自己"并"做自己"的人越多，该民族在自我认知和建立自主性民族文化方面的工作就会进展得越成功。这种民族文化继而又保证了个体顺利而有效地进行自我认知。只有在个体和民族的自我认知之间存在这种互动的条件下，民族文化才可能实现正确的变革。否则，民族的自我认知可能会停留在某个既定的点上，直到由这些个体特征累加起来的民族特征发生改变时才会出现改变。在这种情况下，自主性民族文化的整体价值就会降低，文化会丧失其在个体心理上鲜活的回应，它也不再是民族心灵的表现，而成为守旧的教条和伪善，这只会增加而不会减轻个体实现自我认识和保持自主性的困难。

如果承认人类最高的尘世理想是实现全面而完整

的自我认知，那么，我们就必须承认，只有那种有助于实现这种自我认知的文化才是真正的文化。为了促进个体的自我认知，文化应该体现共有的心理要素。这些要素是该文化民族或大多数个体所共有的，是民族心理要素的总和。与此同时，文化应该鲜明而突出地表现这些要素，因为它们越鲜明，每个个体就越容易通过文化在自己身上发现它们。换言之，只有完全自主的民族文化才是真正的文化，只有这种文化才能同时满足个体美学的、道德的甚至功利性的要求。最后一种要求是任何一种文化都必须要满足的。如果说，只有当一个人认识了他自己并"做他自己"的时候，我们才认为他真正是贤达的、高尚的、美好的和幸福的，那么，这也同样适用于民族。对于民族而言，"做它自己"就意味着"具有自主的民族文化"。即便要求文化给予"大多数人最大的幸福"，事情也不会因此改变，因为真正的幸福不是物质享受，也不是满足这样或那样的个人需求，而是在精神生活（这也包含个人要求）的各要素之间实现平衡和自洽。没有哪一种文化可以给予人们这种幸福，因为幸福不在人自身之外，而在自身之中，获得幸福的唯一路径就是自我认知。文化只有通过减轻自我认知的困难，才能帮助人们实现幸福。如上所述，要想做到这一点，文化必须具有完整而鲜明的自主性。

文化对于每个民族而言都是不同的。在自己的民族文化中，每个民族都应该鲜明地表现自己的全部个性，并保证这种文化的所有要素之间是自洽的，具有同一种民族底色。不同民族文化之间的差异越大，作为它们载体的民族心理之间的差异也应该越大。在民族特性上相近的民族，其文化也较为相似。但那种所有民族都相同的人类普遍的文化是不可能有的。民族特性和心理类型的多样性是如此令人瞩目，这种"人类普遍的文化"或者仅满足人们纯粹的物质要求而忽视精神需求，或者强迫所有民族接受同一种生活方式，这种生活方式是由某个人类群体的民族特性培育出来的。但无论是前者还是后者，这种"人类普遍的文化"都不能满足任何民族对于真正文化的要求。它也不能给予任何人真正的幸福。

因此，我们不应该再去追求人类普遍的文化。与之相反，每个民族追求自己独特的民族文化却完全可以获得道义的支持。我们应该坚决地批判任何一种文化普世主义或世界主义。然而，时至今日，我们并没有在逻辑和道义上证明所有的民族主义。存在各种形式的民族主义，其中一些是虚假的，另一些是真实的。只有真实的民族主义才是民族付诸行动的绝对准则。

如上所述，只有那种源自自主性民族文化或追寻这种文化的民族主义才是真正的民族主义，才是可以被逻辑和道义所接受的民族主义。关于这种文化的思想应该统摄真正民族主义者的所有行为。他应坚持这种思想，为之奋斗。所有可以促进自主性民族文化的东西，他都应该予以支持；所有妨碍它的东西，他都应该予以清除。

然而，当我们以此为标准来考察各种现存的民族主义时则很容易确定，大多数民族主义都不是真正的民族主义，而是虚假的。

我们经常会发现这样一些民族主义者，对于他们而言，自己民族的文化自主性完全不重要。他们所追求的是：无论如何都要让自己的民族获得国家主权，成为"伟大的民族""伟大的强国"，成为"民族国家"理所当然的一分子，并在自己日常生活的方方面面都向那些"伟大的民族"靠近。

　　在很多民族中都有这种类型的民族主义，它在非罗马－日耳曼民族中表现得尤为丑陋、几近滑稽。在这种民族主义中，自我认识没有丝毫地位，因为民族主义的支持者们完全不希望"成为自己"。恰恰相反，他们想要成为"像别人一样""像伟大的民族一样""像主人一样"。但这些伟大民族在本质上却既不伟大，也不是主人。这里所说的民族主义者恰恰是把国家的独立和强大作为自己的目标。为了实现这个目标，他们经常会牺牲自主的民族文化。这类民族主义者为了使自己的民族接近"真正的欧洲人"，完全忽视自己民族与欧洲民族精神迥异的事实，不仅强行把罗马－日耳曼国家的法律和经济生活形式加诸到自己民族的身上，而且还把罗马－日耳曼的意识形态、艺术和物质生活强加到自己的民族身上。这种西化是以追求精确复制泛罗马－日耳曼全部生活模式为目的的，它最终只会导致民族自主性的完全丧失。受这种民族主义者领导的民族很快就只剩下臭名昭著的"民族语言"是自主的了。即使还有民族语言，它作为"官方语言"也因为要不断适应新的、异己的概念和风俗形式而被严重扭曲。取而代之的是数量惊人的罗马－

日耳曼腔调和蠢笨的新词。众多走上这种民族主义道路的"小国"，它们的官方"民族"语言最终都会变得面目全非，即使土生土长的民众也几乎不知所云。这些人还没来得及实现去民族化，他们的个性消解也没有达到"完全民主"的程度。

显然，这类民族主义并非要实现民族自主，也并非要它的民族成为它自己，而只是追求与当代的"伟大强国"相类似，因此，我们不能将它视为真正的民族主义。这类民族主义的基础不是自我认知，而是渺小的虚荣心。虚荣心是实现真正自我认知的天敌。这类民族主义者，尤其是某个"少数民族"的民族主义者，他们更喜欢使用"民族的自我认同"这个术语，但这只会引起歧义。事实上，在这种思想建构中没有包含任何"民族"和"自我认同"的东西。这些民族的"独立运动"经常与社会主义结合在一起，因为后者中始终包含着世界主义和国际主义的要素。

另一种虚假的民族主义表现为好战的沙文主义。这类民族主义主要试图向尽可能多的异族人推广自己民族的语言和文化，同时要根除这些异族人全部的民族自主性。这种民族主义的虚假性十分清楚，这里无须赘述。一个民族文化自主性的可贵之处就在于，该文化与其创造者和继承者的心理面貌是和谐的。一旦某种文化被移植到具有不同心理结构的民族那里时，该文化自主性的所有意义都将减弱，而文化自身的价值也将改变。好战的沙文主义的主要错误就在于它忽视了文化的各种形式与其特定民族主体的相关性。这种沙文主义建立在沽名钓誉和否定各个民族及其文化等值性的基础之上，简言之，它建立在自我中心主义的自吹自擂的基础之上。对于真正的民族自我认知而言，这种沙文主义是不可想象的，因此也是与真正的民族主义背道而驰的。

需要指出的是，文化保守主义也是虚假民族主义的独特形式之一。这种保守主义人为地把民族自主性与某些在远古时期形成的文化价值或风俗形式等同起来。即使这些文化价值或风俗形式早已不能令人满意地表现民族心理，也不允许对其进行丝毫的改变。在这种情况之下，文化保守主义与好战的沙文主义一样，也忽视了文化与其载体心理之间每时每刻活生生的联系，这使得文化具有了某种绝对意义，而不再取决于它与民族之间的关系："不是因民族而生的文化，而是因文化而生的民族。"这就会消解自主性作为连续不断的民族自我认知产物的全部伦理和逻辑意义。

不难看出，所有以上这些虚假的民族主义都会对民族文化产生灾难性的实质后果：第一种会使民族丧失个性，使文化丧失民族性；第二种会破坏该文化群体的种族纯洁性；第三种会造成发展的停滞，这就预示着死亡。

不言而喻，以上这些我们分别考察的各类虚假的民族主义很善于相互结合而形成混合类型。它们全都具有一个共同特征，那就是从根本上来说，它们并不是建立在民族自我认知（如上文所述的那种意义）的基础之上。即使那些似乎源自民族自我认知并希望以此为基础来证明自主性民族文化的各种民族主义也并非总是真实的。

事实上，人们也经常会对自我认知本身做相当狭隘的理解和不正确的引申。某些标签性的东西会影响真正的自我认知，这种标签是该民族出于某种原因而贴在自己身上，并出于某种原因而不愿撕去的。正因如此，罗马尼亚人的文化活动在很大程度上取决于他们自认为是"罗马人"。这种观念来自这样一种信念，即正是远古时代的一小群罗马士兵带来了一些文化要素，这些文化要素后来构成了罗马尼亚的民族性。当代希腊的民族主义也是如此，究其实质，它也是各种虚假民族主义的混合类型。这种民族主义因希腊人片面强调自己独特的起源而强化了原有的错误。希腊人本是某些民族要素的混合体，与其他"巴尔干"民族一起共同经历了文化发展的各个阶段，但他们却认为自己是古希腊人独一无二的继承者。所有这些谬论的出现都是因为这种自我认知不是有机形成的（即它不是源自民族文化），而只是对独立运动和沙文主义进行历史解释的尝试。

从相反的意义上来说，考察不同类型的虚假民族主义可以明确真正的民族主义应该是怎样的。真正的民族主义源自民族的自我认知，承认独特的民族文化的必要性，因此，它把这种文化作为自己最高的和唯一的目标，并从这个主要目标出发来评价国内外政治领域的一切现象，以及这个民族生活的所有历史时期。自我认知赋予它某种自我约束的明确特征，使其不致把自己独特的民族文化强加给其他民族或奴颜婢膝地模仿其他民族。其他民族与它在精神上较为疏远，但不知何种原因而在某个人类地理区域内享有盛誉。在与其他民族的关系方面，真正的民族主义者不会有任何民族的虚荣或沽名钓誉。真正民族主义者的世界观建立在自足的自我认知之上，因此，它始终把热爱和平当作自己的原则，并宽容地对待任何其他民族的独特性。它将不同于矫揉造作的民族孤立。它因极其明确而完整地掌握了自己民族的独特心理，也会极其敏感地在其他所有民族中捕捉与之相似的特征。如果其他民族以某种文化价值的形式成功表现了这些共同特征中的某一个特征，那么，真正的民族主义者会毫不犹豫地引入这种价值，并对其进行改造，使之适应于自己独特文化的普遍形式。彼此相近的两个民族可以如此自由地相互汲取双方均可接受的文化价值，而且它们都在真正的民族主义者领导之下，那么，生活在相互交往之中的两个民族也必然会具有彼此相似的文化。当然这种文化整合与那种人为构成的文化整合存在原则性的差异，后一种是某一民族奴役其他民族的结果。

如果我们在所有这些论证的背景之下考察延续至今的各种俄罗斯民族主义，我们就不得不承认，在后彼得时代的俄罗斯根本就不曾存在真正的民族主义。绝大多数有教养的俄罗斯人都不希望成为"自己"，而希望成为"真正的欧洲人"。但俄罗斯未能如他们所愿成为真正的欧洲国家，这使得我们中的许多人鄙视自己"落后"的祖国。因此，大多数俄罗斯知识分子在不久前仍对各种民族主义敬而远之。而其他自命为民族主义者的人事实上是把民族主义狭隘地理解为追求民族的强盛、军事和经济的外在力量、俄罗斯优越的国际地位，而为了实现这些目标，这些民族主义者认为更有必要使俄罗斯文化接近于西欧典范。一些俄罗斯"民族主义者"的"俄罗斯化"要求也是建立在这种对西方典范奴颜婢膝的态度之上。这种所谓的"俄罗斯化"可以概述为：要求皈依东正教、强制普及俄语，以及用或多或少有些蹩脚的俄文名称取代国外地名等。他们之所以要求这样做，只是因为德国人曾这样做，而"德国人是文明的民族"。但德意志的民族主义者会采取更加深刻且系统、成熟的形式来实现这些诉求。由于德国人的民族主义傲慢建立在德意志民族的文化成就之上，我们的民族主义者也试图谈谈某种自主性的 19 世纪俄罗斯文化，他们极端夸大了所有那些哪怕有一丁点儿不同于西欧模式的创造物。这些创造物无论是由俄罗斯人还是由从属于俄罗斯的人创造出来，都被宣称为"俄罗斯天才为世界文明宝藏所做出的有价值的贡献"。为了寻求与德意志民族更加相似，为与泛德意志主义相对应他们建立了泛斯拉夫主义，俄罗斯被赋予了联合所有"正走在世界进步道路上的"（也即牺牲自己的自主性以换取罗马－日耳曼模式）斯拉夫各民族的地位，从而使斯拉夫民族（在语言学意义上）能够在"文明民族大家庭"中占据"合适的"位置，甚至是"主导"地位。最近，这种西化的斯拉夫主义在俄罗斯已经变得流行起来，甚至某些原来不肯接受"民族主义"这个词的团体也开始变得枝附影从了。

即使是更早一些的斯拉夫主义也绝不能被认为是真正纯粹的民族主义。在其中我们不难看出前面曾提到的那三种虚假的民族主义，其中最为明显的是第三种，其次是第一种和第二种。在这些早期斯拉夫主义中始终表现出要按照与罗马－日耳曼模式或与之类似的模式来建立俄罗斯民族主义的趋势。正是由于这些特性，古典斯拉夫主义不可避免地消退了，尽管它的出发点是民族的自主性意识和自我认识。显然，这些要素并未被充分认识和挖掘。

因此，那种建立在自我认识基础之上并因此要求以自主性精神来改造俄罗斯文化的真正的民族主义至今仍很少见（例如一些"早期的"斯拉夫主义者），始终未形成社会思潮，在未来它有待建立。为此需要俄罗斯知识分子的意识发生根本性的改变，这一点我们在文章开头曾经提及。

1921 年

俄罗斯文化的顶层与底层

——俄罗斯文化的民族基础

导 语

德国浪漫派先驱赫尔德认为，任何一种民族文化都是一个有机体，是内在统一且外在独特的整体。作为古典欧亚主义代表的特鲁别茨柯依因其与斯拉夫派之间思想传承的渊源关系，很有可能受到了赫尔德"文明有机论"的影响。

特鲁别茨柯依在这篇文章中从语言学、音律、舞蹈乃至图案装饰艺术等方面对比分析了俄罗斯文化与东方文化、西方文化及南方文化之间的异同，最后得出结论：俄罗斯的文化是独特的。尽管它与包括拜占庭、图兰等民族的东方文化之间有深厚的精神联系，也与罗马－日耳曼的西方文化因地缘历史条件而相互接触，甚至与南方文化之间也存在诸多相似之处，但俄罗斯文化就是俄罗斯文化，它是独一无二的。

特鲁别茨柯依特别批判了彼得大帝的西化改革，认为正是由此俄罗斯文化大厦才发生了顶层与底层的大分裂，进而丧失了正常文化有机体的内在联系与互动。但他同时指出，完全回归拜占庭的传统也是不可能的，俄罗斯应该且只能在自己的土壤中重建文化大厦。

自 1500 年起，几乎所有非西方民族的文化都经历了相似的解构过程。本民族传统文化的要素被不断消解，大量西方文化的要素进入民族有机体中。随着现代化进程的不断深入，这种文化交融和同化的趋势日益凸显。

对于像俄罗斯、中国等这样具有悠久民族传统的文明型国家而言，很难接受被同化的宿命。于是，重建民族文化的问题就被提了出来。那么，究竟应该如何重建文化大厦呢？特鲁别茨柯依的这篇文章似乎可以给我们一些提示。

　　凡是特色鲜明的文化都包含两个必要的组成部分，我们可以形象地将其称为文化大厦的顶层和底层。所谓的底层，是指这样一种文化价值基础，它可以满足全民族不同阶层群体最广泛的需求，换言之，它可以满足人民群众的基本需求。这些价值是在人民群众自身的环境之中被创造出来的，因此，它们相对来说较为简单，而且不会带有明显的个人创造的痕迹。其中也有一些价值是由顶层渗入底层的。这些价值会很容易地因为迁移本身而失去个性并发生简化，以使其自身适应完全由来自底层价值所组成的共同背景。文化大厦的顶层稍有不同。底层的文化价值远不能满足该民族不同成员的需求。那些不能满足于被普遍接受的某种价值的人就会试图去完善它，使之适应其个人的品位。以某种变化后的形式出现的价值也许不会被广大民众喜闻乐见（原因是复杂的），但很符合该民族群体中某部分人的品位，而这些人又或多或少地在这个民族群体中占据主导地位。在这种情况下，这种价值就进入文化的"顶层"基础中。因此，"顶层基础"的价值或者是由该民族群体中占主导地位的那部分人亲自创造的，或者是为了这些人而创造的，并且始终要满足更加精致的要求和更加挑剔的口味。正因为如此，它们总是要比那些底层基础的价值要复杂一些、高级一些。从一方面来说，底层基础中的某种价值可以充当顶层基础某种价值的出发点；从另一方面来说，人民群众自身也经常从顶层基础中把一些简单化了的价值引入自己的日常生活。因此，可以说，在一般文化中的顶层和底层之间始终存在着某种交换和互动。由于民族群体主导部分的规模是变化的，因此，这种交换也在不断扩大。这部分人群只有在他们具有"威望"的时候是"主导的"，也就是说，他们能够引起其他人的模仿，这种模仿既是本义所指的模仿，也是"喜好意义上的模仿"，即可以尊重或指摘它。但随着时间的推移，"威望"可能会消失并转移到其他某个社会群体中，而后者很可能以前属于底层，因此，此时伴随着这个新贵而进入文化大厦顶层的就有许多来自底层基础的价值。

除去这种文化顶层与底层的内在互动，该文化整体的各个部分还会受到来自外部和异族文化的影响。也可能会发生这样的情况，即该文化顶层所吸收的那些文化价值的异族根源同滋养该文化底层的异族根源并不吻合。如果外来价值与该民族群体的整体心理状态并不冲突，而且该民族群体能够对这些外来价值进行有机的再创造，那么，因为文化顶层和底层之间存在自然的内在互动，在顶层与底层之间的某种平衡又会被重新建立起来。但当文化的顶层和底层之间出现文化裂隙，这种平衡也可能不会被重建，民族团结就会遭到破坏。这种情况通常表明，产生影响的异族文化价值根源对于该民族的心理而言太过疏离了。

当我们考察俄罗斯文化时，应该首先意识到构成其底层和顶层的人类学特征，并清楚地认识到俄罗斯文化各个组成部分与其他异族文化之间的联系。

构成俄罗斯民族特性的基本要素当然是斯拉夫要素。我们只能通过语言方面的素材才可能粗略地了解我们斯拉夫祖先最为古老的状态。众所周知，所有斯拉夫语言都源自"共同的斯拉夫语族"，而后者又是"共同欧洲语系"的后裔之一。这种语系是通过对它的所有后裔语言进行对比研究之后被科学地建构起来的。现在，把印欧语系视为某种完全同一的观点早已被放弃了。所有的语言学家都认同这样一种观点，即在语系中存在各个方言之间的差异，与此同时，这种差异会随着时间的流逝逐渐增大，并最终导致语系的彻底分化，而它的各个方言也会各自演变为独立的语言。如果说，斯拉夫语族属于印欧语系的后裔之一，那就意味着，在印欧语系中存在过独特的古斯拉夫方言。随着时间的推移，古斯拉夫方言逐渐演变为独特的独立语言。这种古斯拉夫方言的特殊性，即那些可以将其与印欧语系中其他方言区别开来或归为一类的特殊性，是可以被科学建构的。这正是我们可以获知的关于斯拉夫祖先的最为古老的事情。已知的所有关于印欧语系各种方言的知识让我们可以确认这样一点，即古斯拉夫方言和与之最为接近的波罗的海沿岸方言 ① 曾经占据着某种中间的位置。在南部，与之相邻的是古伊里利亚 ② 语和古弗拉几亚 ③ 语，但我们对它们知之甚少。在东部，与古斯拉夫方言相邻的是同一的古印度－伊朗方言组，这些方言因一系列相同的发音、语法和词汇特征而组合在一起。最后，在西

---

① 波罗的海沿岸方言是指彼此为近亲的立陶宛语、拉脱维亚语和古普鲁士语（于 17 世纪失传）。

② 伊里利亚是对西巴尔干半岛的旧称。——译者注

③ 弗拉几亚曾占据欧洲的东南部，于 10 世纪灭亡。——译者注

方，古斯拉夫方言与西印欧方言组（古日耳曼方言、古意大利方言、古凯尔特方言）相邻，与古印度－伊朗方言组相比，这组方言之间虽有较少同一性，但在虚词词汇上仍有细节上的相似性，而虚词对于每一种语言都是典型和重要的。我们可以假定在古斯拉夫方言和古印度－伊朗方言之间存在特别紧密的联系，因为这两个方言组中有许多共同的词汇，它们由于自己的词义很容易从一种方言进入另一种方言中。这些词语是很典型性的，其中相当一部分属于宗教术语，例如，按照法国学者 A. 梅勒的说法，与古斯拉夫方言"上帝""神圣""语词"相对应的是古伊朗方言 baga，spenta，sravah。显然，在斯拉夫语和伊朗语之间存在重合之处（这里不包括古印度语，而在波罗的海沿岸各语言中只有第二个词是重合的）。这很容易让人想到，印欧语词 deiwos，在其他所有语言中都有"上帝"的意义（拉丁文的 deus，古印度语的 devas，古冰岛语的 tyr，其复数是 tiwar，等等），但它在斯拉夫和伊朗语言中却表示邪恶的神话人物：

阿维斯陀语①的 daevo，新波斯语的 dev，古俄语的
дивъ（在《伊戈尔史诗》中），南斯拉夫语的 дива，
самодива，дивий，дивъ，均用于表示"野蛮的、粗
鲁的"。对于伊朗人而言，这种转义通常被视为查拉
图斯特拉改革的结果，因为他只承认阿胡拉·马兹达
（欧马兹特）为唯一真正的神，而所有其他的神都被
他视为魔鬼，因此，术语 daevo 就获得了"魔鬼"的
意义，因此，他改用其他词语来表示"上帝"（其中
也包括 baga）。应该承认，斯拉夫人的祖先或多或少
地参与了其东方邻居的宗教概念改革，这种改革最终
使伊朗人的祖先走向了查拉图斯特拉改革。由此可
见，梅勒关于古斯拉夫动词 вльритпи 与阿维斯陀语
动词 varavaiti 相等同的说法是大有可能的，后者也表
示"信仰"，但其本义是"选择"，因为按照查拉图
斯特拉学说，真正的信徒是要能在善之神（欧马兹特）
和恶之神（魔鬼）之间做出正确"选择"的人。正因
为古斯拉夫方言和古印度－伊朗方言在宗教术语上

---

① 阿维斯陀语是古伊朗保留下来的一种书面语，因保留下来的
文集名为《阿维斯陀》而得名。——译者注

具有相似之处，这两种方言中其他词汇上的特殊重合之处才获得了特别的阐释，比如，斯拉夫语 зоветь和 зъвати 除了在波罗的海各种语言中有与之同构的语词，在古印度－伊朗语中也有，其中与之对应的动词专门用于表达"承认上帝"的意义。古斯拉夫语 сгдравь 只有在古波斯语中可以找到或多或少与之同构的表达：值得一提的是，"祝好"更多见于祷告。古斯拉夫语 боятися 除了在立陶宛语中有与之对应的词语，也只有在古印度语中可以找到与之同构的表达：这个词当然也属于宗教术语。当我们思考以下事实时，也会产生有趣的联想：只有在古伊朗语中才能发现与古斯拉夫语 шуй "左侧"同构的表达：对左侧的迷信是再清楚不过的了，正如使用一些特殊的词语来表达"忌惮"概念一样（即所谓的禁忌）。总体上来说，在古斯拉夫语和古印度－伊朗语之间存在相当多的重合之处，其中又多为与宗教情感相关的术语。

古斯拉夫语和古西欧语之间特殊的重合之处却具有完全不同的特点。虽然这些重合之处可能比古斯拉夫语和古印度－伊朗语的重合之处在数量上要更多，但其中没有那些让人感到亲近的词语，没有像连

词、前置词等那些在日常语言中发挥着显著作用的词
语。这些词语大多是表示生产生活中技术意义的，比
如，名词"苗床"（слмя，зрено，брашьно，ллха），
"小猪崽"（яблько，прася），"各类器具"（бобъ，
секыра，шило，трудь），动词"削、凿、剁"（сляти，
ковати，плести，слщи）。除了在波罗的海沿岸各语
言中可以找到与这些词语同构的词语，也只能在凯尔
特语、意大利语和日耳曼语中找到了。形容词 добрь
（由古欧洲语 dhabros 而来的德语词 tapfer 和拉丁语词
faber）并没有道德意义，而只是纯粹地表达技术意
义上"能干的"，能够胜任某项工作的。词语 гость
（德语 Gast，拉丁语 hostis），мльна，длъгъ 所表示
的古老社会习俗也只有斯拉夫人、意大利人和德国人
清楚，它们也可能源于 дльль（分封、封地、分地），
这个词在德语中有与之同构的语词（德语 Teit）。斯
拉夫语与西欧语中其他相似的词语就没有太多特点
了，因为这些词语或者表示外部世界的物体，或者表
示身体部位（лядвея，брада）。这种共性可以用两者
共同的地缘条件来解释["苔原"（море，мъхъ），
"胡蜂"（дроздь，оса，срьшень），"赤杨"（ельха，

ива，слверь）]。但这两个范畴也包含在古斯拉夫语与古印度－伊朗语的重合语词中（斯拉夫语 ropa，阿维斯陀语 gairl，古印度语 giri，斯拉夫语 грива，уста，елась，古印度语"脖颈"griva，"嘴唇"oshttha，阿维斯陀语"头发"varesa）。

　　古斯拉夫方言除了与东方方言组、西方方言组之间存在联系，相当可能还与南方方言组之间具有特别的联系，即与古弗拉几亚语、古伊里利亚语之间也有联系，也就是与后来发展为阿拉伯语的那种古方言之间有联系。遗憾的是，我们现在所能看到的阿拉伯语已经变得过于混杂了：在它的词汇中异族要素（罗马的、希腊的、土耳其的和新斯拉夫的）已经远远多于本族要素，本族要素已经所剩无几了。我们对古代弗拉几亚人和伊里利亚人的语言也几乎毫无所知。因此，关于古斯拉夫方言与它的南方相邻方言之间存在何种联系的问题，我们不能得出任何确定的结论。

　　在印欧语系时代快要终结的时候，也就是当古斯拉夫方言将要分化为一个独立语言的时候，古斯拉夫人将要在东方、西方和南方之间进行选择。我们可以看到，斯拉夫人的"心灵"倾向于印度－伊朗人，但"身体"却由于地缘和物质－习俗等条件倾向于西欧人。
在斯拉夫语族自印欧语系中分化出来的最初时期，斯
拉夫人的祖先在相当长的时间里仍继续受到西欧人的
影响，此时，古西欧语自身已经完全分裂为三种语言：
德国人、凯尔特人和意大利人（后来的罗马人）的语言。
那些进入斯拉夫语族里的古代德国和罗马人的语言要
素，按照它们所属的范畴来看，与之前古斯拉夫方言
和古西欧方言所共有的那些词汇要素没有丝毫区别。
这主要是表示生产工具、商业和国家事务以及武器名
称的术语。后来，还有一些基督教术语也进入斯拉夫
人的生活中，但最初它们经过了相当曲折的道路——
自希腊人和罗马人经日耳曼人（црькы，пость）、罗
曼人（крижь，крьсть，коумъ），直至后来直接由希
腊人那里传入。

最后，在共同斯拉夫统一体时代即将终结的时
候，斯拉夫人分裂为更小的族群——西斯拉夫人、
南斯拉夫人和东斯拉夫人。每个族群似乎都实行着
不同的"方针"。

因此，斯拉夫人的这种文化面貌早已注定，早在
斯拉夫人的祖先尚为印欧群体一分子的时候，早在他

们仍在使用作为共同印欧语系中的一种方言的时候就已经注定。早在那时，这些族群所处的中间位置就使其形成了在东方、西方和南方之间摇摆不定的倾向。这些倾向在以后的岁月中又因斯拉夫人自身的分化而分化，其结果是每一个斯拉夫民族的分支都为自己保留了其中的一种倾向。

西斯拉夫人倾向于罗马－日耳曼世界。但事实上，这个世界从未把西斯拉夫人视为自己家族中理所当然的成员。西斯拉夫人或被强制德意志化，或遭受灭顶之灾。曾几何时，这些斯拉夫人占据了现在是德国领土的整个东半部分，一直延伸到易北河和富尔达河（现位于德国的黑森州），而时至今日，在这大片领土上，西斯拉夫人只生活在波兰、捷克斯洛伐克和卢日支人的小岛上，而在这些小岛的周围也住满了德国人。然而，即使西斯拉夫民族在罗马－日耳曼世界中的地位并不令人艳羡，他们也未被视为自己人，但西斯拉夫人却相当有效地掌握了罗马－日耳曼文化并逐渐参与到该文化的发展中。那场标志着罗马－日耳曼世界所谓的新的历史开端的精神变革在很大程度上得益于两位西斯拉夫人的努力——捷克斯洛伐克人扬·胡斯和波兰人尼古拉·哥白尼。

南斯拉夫人则在拜占庭的影响之下，与巴尔干半岛上的其他部族一起参与构建了独特的巴尔干文化。巴尔干文化的顶层实现了希腊化，而对其底层尚未进行较为具体的人类学区分。换言之，各个族群在构建巴尔干文化过程中所发挥的作用尚未获得充分的考察。在这里南斯拉夫人对拜占庭文化灵魂的把握是有机的，一直到君士坦丁堡陷落后，那些居住在拜占庭的希腊人（在奥斯曼－土耳其统治时期）开始自己的沙文主义阴谋之前都是如此。这些希腊人试图用机械服从来取代这种对拜占庭文化的有机把握和自由合作。

东斯拉夫人的文化方针带有相当模糊的特点。由于他们没有与某种印欧文化①有过直接接触，因此，他们可以在罗马－日耳曼的"西方"和拜占庭之间做出自由选择。东斯拉夫人与西方和拜占庭之间的接触主要是通过其他斯拉夫人做中介完成的。最终他们

---

① 北伊朗部族曾经生活在俄罗斯南部，但它早已不复存在，其中一部分被东斯拉夫人所同化，另一部分被突厥游牧部落所消灭或俘虏。这些部族的后人是今天的奥塞梯人。

选择了拜占庭，而且这种选择最初产生了十分良好的效果。在俄罗斯的土壤中，拜占庭文化变得更加枝繁叶茂。所有从拜占庭那里获得的东西都被有机地吸收了，这些拜占庭要素成了创造的样本，这种创造又进一步促进了这些要素与俄罗斯民族心理的需求相适应。这在精神文化、艺术和宗教生活中表现得尤为突出。与之相反，所有从"西方"那里获得的东西都未被有机地吸收，也未能给予民族创造以任何灵感。西方的东西被搬运进来，也被兜售出去，但它们并没有被再生产。艺术大师们也在创作，但他们不是为了培育俄罗斯人在创作，而是为了完成订单而创作。有时也会翻译一些西方的文学作品，但它们未能促进民族文学的发展。当然，我们所说的只是整体概况，并非具体细节。普遍规律之外的例外自然十分常见，但从整体上而言，俄罗斯吸收拜占庭的一切毫无疑问地要比吸收西方的一切要容易和有机得多。如若一味用迷信的新奇恐惧症来解释这一切恐怕是徒劳无用的。在这种"迷信"中存在一种排斥罗马－日耳曼精神的直觉，意识到自己不能在这种精神中进行创造。因此，在这个层面上，东斯拉夫人是自己历史祖先的忠实后代。他们的这些祖先曾经使用印欧语系的古斯拉夫方言，而研究其词汇表明，这些斯拉夫人在精神上并不与西印欧人接近，反而倾向于东方。这种心理特点没有在西斯拉夫人身上有所表现，是由于其与德国人的长期直接交往，而在东斯拉夫人那里，这种特点得以深化的部分原因可能在于其与芬兰－乌戈尔人及突厥人的种族混合。

这种格局因彼得大帝的改革而发生了剧烈的改变。这场改革伊始，就意味着俄罗斯人应该被罗马－日耳曼精神所浸透，就应该在这种精神中进行创造。但过去的一切表明，俄罗斯人本能地无法成功完成这项使命。事实上，如果说彼得大帝之前的俄罗斯在自身文化方面尚可堪称拜占庭最为才华出众和成绩斐然的继承者，那么，在彼得大帝之后，在俄罗斯步入罗马－日耳曼道路之后，它就处在欧洲文化的末流，处在文明的角落。欧洲精神文化中一些基本的动因（例如欧洲的法律意识）并没有被俄罗斯的上层很好地吸收，而底层民众则对此一无所知。俄罗斯在这条道路上行走的每一步都能感受到自身缺失那种对于罗马－日耳曼人而言至关重要的心理能力。因此，与那些不断地被机械植入俄罗斯土壤的大量异族文化价值相比，俄罗斯天才为所谓的"欧洲文明宝藏"做出的贡献就显得微不足道了。俄罗斯曾不止一次地想要对罗马－日耳曼的文化价值进行有机的再创造，并在特定的欧洲形式之下进行独立的个性创造，特别是在精神文化领域，但只有极个别的天才成功地实现了在欧洲形式之下的价值创造。这些价值不只为俄罗斯所接受，也为"西方"所接受。但始终占据显著优势的仍然是简单的甚至于机械的效法和模仿。需要指出的是，当某位俄罗斯天才试图在欧洲文化的框架之下创造民族的、自主的东西的时候，他会在自己的创造中引入大量拜占庭的、"俄罗斯的"或"东方的"要素（这在音乐领域中表现得尤为明显）。而这种要素是为罗马－日耳曼世界所陌生的。正因为如此，真正的罗马－日耳曼人把俄罗斯的创造视为充满异域情调的东西，可以远远观之，却不能与之融合，也不能去感受它。与此同时，如果从真正自主性的角度来看，这种混合的价值也是不能被完全接受的。敏感的俄罗斯人始终会在其中感到某种矫揉造作。这种"不自然"一方面是由于对俄罗斯有机力量的不正确的理解，一方面是由于形式与内容的不相契合。

最终，虽然经过俄罗斯知识分子（广义意义上的）的不懈努力，彼得大帝所造成的两大鸿沟却始终不能弥合，并一直延续至今。其中之一是彼得之前的罗斯与彼得之后的俄罗斯之间的鸿沟，另一个是民众和受教育阶层之间的鸿沟，以至于伟大艺术家们的敏感心灵也不能在鸿沟之上搭建起一座桥梁。里姆斯基－科萨科夫①的音乐始终与真正的俄罗斯歌曲有本质的差异，与之相仿，瓦斯涅佐夫②和涅斯捷罗夫③的绘画也与真正的俄罗斯圣像不同。

俄罗斯文化大厦的顶层就是如此。俄罗斯文化的顶层始终处于这样一种文化传统之中，最初源自拜占庭，随后来自罗马－日耳曼的西方。俄罗斯文化的

---

① 尼古拉·安德烈耶维奇·里姆斯基－科萨科夫（1844—1908）：俄罗斯作曲家，与鲍罗丁、穆索尔斯基、巴拉基列夫和居伊组成"强力集团"。——译者注

② 维克多·米查伊洛维奇·瓦斯涅佐夫（1848—1926）：俄罗斯艺术家和建筑家，尤其擅长创作以历史和传说为题材的作品。——译者注

③ 米哈伊尔·瓦西里耶维奇·涅斯捷罗夫（1862—1942）：俄罗斯画家。——译者注

顶层对这些传统或多或少地进行了有机的再创造。事实上，经由顶层改造过的异族传统也渗入了底层，渗入了民众那里。而其中拜占庭的、东方的东正教传统尤为深入地渗入民众之中。这种传统为民众的整个精神生活涂上了特定的颜色，但这种东方的东正教在与俄罗斯民族有机力量接触之后，它就发生了改变，其中那些为拜占庭所独有的特点会变得黯然失色。而西方文化却很少渗入民众之中，它没有与民众的心灵发生接触。因此，罗马－日耳曼文化的引入，在俄罗斯文化大厦的顶层和底层之间造成了本质上的差距，而这种状况在上层引入拜占庭文化时并没有出现。但拜占庭和罗马－日耳曼传统并没有穷尽俄罗斯民族有机力量创造的文化或种族全貌。俄罗斯知识分子群体普遍相信，这个全貌的独特之处是"斯拉夫人的"。这是不准确的。俄罗斯民族始终生活于其中的那个文化（这里是指所有那些可以满足该群体物质和精神需求的文化价值总和），从人类学的角度来看是相当宏大的，它不可能被完全纳入某个较为宽泛的文化群体或文化圈之中。总之，这个文化自身就是一个独特的文化圈，除俄罗斯人之外，芬兰－乌戈尔的"异族人"，以及伏尔加河流域的突厥人都属于这个文化圈。这个文化在不知不觉中逐渐与东部及东南部的"草原"（突厥－蒙古的）文化相接触，并通过它与亚洲各文化相联系。它在西部也逐渐与西斯拉夫人的文化（通过白俄罗斯人和小罗斯人①）以及巴尔干文化相接触。而西斯拉夫人的文化又与罗马－日耳曼文化相接触。但与诸斯拉夫文化之间的这种联系已然完全不似其与东方各文化之间的联系那么紧密，两者的紧密程度不可同日而语。在一系列问题上，俄罗斯民族文化接近东方，东方与西方之间的界限再一次出现在俄罗斯人与斯拉夫人之间，而有时南斯拉夫人与俄罗斯人相接近并不是因为彼此都是斯拉夫人，而是因为彼此都受到了突厥的强烈影响。

　　俄罗斯有机力量的这种特性明显地表现在民间的艺术创作中。绝大部分俄罗斯民歌（其中包括古代民歌、仪式上和婚礼上的民歌）都采用所谓的五音调或印度－中国音阶谱写而成。换言之，这些民歌采用

---

① 　小罗斯人是对乌克兰人的旧称。——译者注

这样一种韵律风格，即省略第五和第七音阶[①]。这种风格仅存在于伏尔加河和卡马河流域的突厥部落中，还有在巴什基尔人和西伯利亚地区的"鞑靼人"那里，在俄罗斯和中国边境的吉尔吉斯斯坦地区的突厥人那里，在所有蒙古人那里。显然，这种音阶曾经也存在于中国：至少中国的乐理假设过其存在，而且以它为基础的记谱法曾在中国广为流传[②]。这种音阶至今仍在泰国、缅甸、柬埔寨、印度和中国等国家中占据主流。因此，在这种情形下，我们拥有一条源自东方的、延绵不断的线索。这条线索在大罗斯[③]断裂了。在小罗斯人那里，这种五音阶也仅存于十分稀少的古老歌谣中；在其他斯拉夫人那里，采用这种音阶的也相当稀少；在罗马人和日耳曼人那里，它根本不存在；而只在欧洲的西北边陲，在不列颠的凯尔特人（苏格兰

---

① 对于那些不熟悉乐理知识的读者而言，这种音调就好似只弹奏钢琴的黑色键。在使用这种音调谱写的歌曲中，最为俄罗斯民众所熟知的当属拉赫玛尼诺夫的抒情曲《丁香》。

② 但在演奏中经常发生变调的情况，其结果是形成了四声调。例如，使用音阶 **1**、**2**、**3**、**5**、**6** 谱写的旋律在演奏中就没有 **4** 和 **5**，而只有比 **5** 高的高音 **5**。

③ 大罗斯人是指俄罗斯人。——译者注

人、爱尔兰人和布列塔尼人^①）那里才再次出现。在节奏方面，俄罗斯歌曲不仅与罗马－日耳曼歌曲有本质差异，也与斯拉夫歌曲不同，比如，俄罗斯歌曲完全没有三拍的节奏（华尔兹或马祖尔卡舞的节奏）。俄罗斯歌曲与亚洲歌曲的相同之处在于，大多数亚洲人都唱合唱。但在这方面，俄罗斯歌曲就好似过渡的环节一样：俄罗斯合唱是多音部的，合唱的歌曲并不少见，甚至某些确定范畴的歌曲必须是合唱。

同样的独特性也表现在另一种节奏艺术中，那就是舞蹈。罗马－日耳曼舞蹈的主要特征是，它一定是两个人的舞蹈——男舞伴和女舞伴，他们共舞且彼此相拥，这就使得他们只能用腿部创造出一些符合节奏的动作来，而且这些动作无论在男舞伴还是在女舞伴那里都是一致的。俄罗斯舞蹈与之毫无相似之处。舞蹈不一定非要两个人跳，即使是两人共舞，他们也并不一定非得是异性，而且他们可以不同时起舞，而是交替起舞，在任何情况下，两人也无须彼此相拥。

---

① 布列塔尼人是生活在法国布列塔尼岛上的居民，5—6世纪自大不列颠岛渡海迁来的部分布立吞人的后裔。——译者注

正因为如此，不仅腿部可以创造出一些符合节奏的动作，手部和肩部也可以。男舞者的腿部动作与女舞者的腿部动作不同，其特征是脚后跟和脚趾的交替踩踏。舞者的头部基本上是不动的，尤其是女舞者。男舞者的动作是不可预见的，并在确定节奏下表现出自由发挥的广阔空间；女舞者的动作则表现为风格化的步法。舞蹈的旋律多为简短的音乐篇章，其节奏是相当明快的，但又提供了再创造的广阔空间。所有这些特征也为东方的芬兰人、突厥人、蒙古人、高加索人（与此同时，在北高加索也有双人舞，舞者相拥而舞）和许多其他"亚洲人"所共有。[①] 与罗马－日耳曼人的舞蹈不同，俄罗斯－亚洲类型的舞蹈强调灵活性上的较量和身体上的节奏感。而罗马－日耳曼人的舞蹈则因舞蹈本身缺少技术手段，在舞蹈中男舞伴不断靠近女舞伴而带有一定的色情要素。观众本能地踩着

---

① 除上面描述的单人舞蹈，俄罗斯还有另一种团体舞蹈。但后一种舞蹈有完全不同的形式，与斯拉夫人、罗马－日耳曼人和一些东方民族的团体舞蹈不同。严格来说，俄罗斯的圆圈舞并不符合这个词的本义，因为没有哪一个圆圈舞的参与者会按照音乐的节奏跳舞。这只是一种游戏或礼俗行为，其中发挥关键作用的是合唱的歌曲。

节拍、轻声吹着口哨并不断报以喝彩，这种参与又提升了节奏的激昂。

在欧洲，或许只有西班牙人清楚一些与此相类似的东西，但很可能这与他们所受的东方影响（马里塔尼亚人和茨冈人的影响）有关。至于其他斯拉夫人，他们在舞蹈艺术上与俄罗斯人不同。只有保加利亚的民族舞蹈在一定程度上再现了俄罗斯－亚洲类型，这显然是受了东方的影响。

在图案装饰（雕刻、刺绣）领域，大俄罗斯民族文化具有自己独特的风格，这种风格通过小罗斯民族与巴尔干人相关，而通过芬兰－乌戈尔人与东方相关。显然，在这个领域中具有相当复杂的交互影响，这还需要通过科学分析来厘清。遗憾的是，关于图案装饰的研究时至今日仍然处于萌芽状态，尚未制定出相对合理的分类方法，因此，不能确定各种图案装饰的客观归属，也不能确定俄罗斯的图案装饰与西斯拉夫人和罗马－日耳曼人的图案装饰之间究竟有何不同，虽然这种不同之处已经可以被清晰地感知了。

在民族文学领域，大罗斯人的文学表现也完全独特。俄罗斯童话的风格无论与罗马－日耳曼人，还是与其他斯拉夫人都无平行之处，却与突厥人和高加索人的童话风格类似。东芬兰人的童话在风格上完全受到俄罗斯的影响。俄罗斯的史诗在情节方面与图兰的东部和拜占庭风格相似，部分地与罗马－日耳曼世界相关。但在形式上，它却是独一无二的，无论在任何情况下，都没有表现出任何西方的特征。在形式方面，可以说，它只与巴尔干的斯拉夫人的史诗形式具有相当微弱的联系，而与草原游牧部落的史诗之间却具有相当紧密的联系。

关于俄罗斯民族的物质文化，它当然与草原游牧民族的文化有着相当大的差异，而主要是与西斯拉夫人和南斯拉夫人的文化相关。但仍然有一点是不容置疑的：在物质文化层面上，大部分芬兰民族（除了漂泊不定的和游牧民族）与大罗斯民族俨然就是一体。遗憾的是，对俄罗斯民族物质生活的方方面面进行细致的人类学研究时至今日仍是相当少见的。大部分研究都是不求甚解的。让我们感到汗颜的是，应该承认，芬兰人的物质文化获得了较好的研究，这需要特别归功于芬兰人类学家的工作。芬兰－乌戈尔和东斯拉夫人的要素在那种可以被称为俄罗斯－芬兰文化的建构过程中所发挥的作用问题尚未获得充分的研究。人们公认，在捕鱼技术方面，芬兰－乌戈尔人的影响是主要的，而在房屋建筑方面，东斯拉夫人的影响是主要的。在俄罗斯和芬兰人的服装上有一些特殊的共同之处（草编鞋、偏领男衬衫、女士头饰），罗马－日耳曼人和其他斯拉夫人却对此并不熟悉（草编鞋在立陶宛也存在）。但时至今日所有这些要素的起源也远非完全清楚的。

因此，在民族学层面上，俄罗斯民族并不是斯拉夫民族理所当然的代表。俄罗斯人和芬兰－乌戈尔人以及伏尔加河领域的突厥人一起构成了一个独特的文化圈。这个文化圈既与斯拉夫人相关，也与图兰的东方相关。与此同时，很难说，与两者中的哪一种联系更加紧密和有力。俄罗斯人与图兰人之间的联系不只是民族学的，也是人类学的，因为在俄罗斯人的血管中流动的必然不只是斯拉夫和芬兰－乌戈尔人的血液，而且还有突厥人的血液。在俄罗斯人的民族性格中当然存在某些与图兰的东方相似之处。我们与这些亚洲人很容易建立起婚姻关系并能够相互理解，这都是因为我们之间存在着这些隐秘的种族亲缘关系。

但俄罗斯的民族性格既与芬兰－乌戈尔人的民族性格差异很大，也与突厥人的民族性格不同，与此同时，它又与其他斯拉夫民族的性格存在本质上的差异。为俄罗斯民族尤为珍视的许多特点在斯拉夫的道德形象中找不到任何与之平行的东西。植根于拜占庭传统中的追求直观和忠实仪式，是俄罗斯笃信宗教的特征，但对于其他信奉东正教的斯拉夫民族来说，这却是完全陌生的。为俄罗斯人民所珍视的英雄人物的勇敢是纯粹的草原美德，突厥人理解这一点，但罗马－日耳曼人和其他斯拉夫人都不明就里。

俄罗斯民族有机力量中独特的心理和民族面貌应该在建构任何一种新的俄罗斯文化中引起关注。要知道，这种有机力量被视为俄罗斯文化大厦的底层，而为了使这座大厦更加牢固，顶层的部分就必须与底层相适应，在顶层和底层之间就不能存在原则性的断层或缝隙。当俄罗斯文化的大厦以拜占庭穹顶落成时，这种稳定性就实现了。但当这个穹顶被换作了罗马－日耳曼的结构，大厦就丧失了各部分之间所有的稳定性和对称性。大厦的顶层不断倾斜直至最终塌陷。而我们这些俄罗斯知识分子曾竭尽全力支撑着俄罗斯大厦上摇摇欲坠的罗马－日耳曼屋顶，筋疲力尽地站在这一大片废墟之上思索着，如何重新建造一个罗马－日耳曼样式的新房顶。这些规划应该予以果断地否决。为了使文化深深植根于俄罗斯土壤之中，俄罗斯文化的顶层无论如何不应只是罗马－日耳曼的。完全回归拜占庭传统当然是不可能的。事实上，俄罗斯生活中那个独一无二的角落，即俄罗斯文化大厦的那个部分，在那里，拜占庭传统尚未被"西化"完全取代，那就是东正教教会。它表现出了惊人的生命力，在俄罗斯文化大厦整体崩溃之时，它不仅没有崩塌，反而重新获得了自己真正的形式，并按照它从拜占庭继承过来的传统进行重构。俄罗斯文化中的拜占庭因素可能在未来获得加强，而这种因素正来自教会传统。但如果想在纯粹古老的拜占庭基础之上完全重建俄罗斯生活是不可能的。这不只是由于两个半世纪的西化对于俄罗斯而言并非不着一丝痕迹地过去了，而且也是由于，即使在 17 世纪，大牧首尼康主张强化俄罗斯生活中的拜占庭要素，努力拉近俄罗斯宗教信仰与拜占庭模式之间的距离之时，这个模式对于绝大多数俄罗斯人来说已经是某种异族的东西了，由此才引发了教会大分裂。稍后这种大分裂就演化为对西方的激烈反对。自那时起，在俄罗斯大分裂中就已表现出对独特文化的本能追求，但这种追求可能走错了方向并过早地遭受了失败，其结果就是它只具有底层的基础，而不具有顶层的文化基础。但在大分裂的过程中仍然可以感受到健康的俄罗斯民族的有机力量，这种有机力量反对人为地强加给它异己的文化顶层。正因为如此，非常有象征意义的是，当普加乔夫站在旧礼仪派的旗帜之下反对"违反教规的拉丁派和路德派"时，他集结了巴什基尔人、其他斯拉夫民族的人甚至异教徒的图兰东方人，从这个意义上来讲，这就没有什么可以指摘的了。

我们应该在俄罗斯民族的这些潜意识的喜恶之中获取建设俄罗斯文化大厦的提示。我们信奉东方的东正教，而这种东正教与我们民族的有机力量的实质相吻合，因此，它应该在我们的文化中占据首要位置，应该对俄罗斯生活的方方面面产生影响。除了信仰，我们还从拜占庭那里获得了许多文化传统。这些传统在远古时候被创造性地发展，并使之与我们的俄罗斯传统相适应，从而使这方面的工作可以持续下去。但事情却远不止如此。绝不能把一切都放置在拜占庭的框架之下。我们并不是拜占庭人，而是俄罗斯人。为了使俄罗斯文化完全成为"我们的"，需要使之与俄罗斯民族有机力量的独特心理和民族面貌更加紧密地联系在一起。这里所指的是这个面貌独特的实质。许多人认为，俄罗斯的历史使命是统一我们的斯拉夫"兄弟"。但与此同时，他们通常忘记了，我们的"兄弟"不只有斯拉夫人（如果不是按照语言和信仰，而是按照血缘、性格和文化），还有图兰人，而事实上，俄罗斯已经把绝大部分东方图兰人统治在自己的国家之中。时至今日，对这些"异族人"的基督教化尝试鲜有成功。因此，为了使俄罗斯文化的顶层与俄罗斯有机力量所在的独特的民族学意义上的基础相适应，必须使俄罗斯文化不局限于东方的东正教，也要弄清楚作为自己民族有机力量基础的那些特征。这些特征能够把不同的族群团结为一个文化整体，在历史上，它们与俄罗斯民族的命运相关。当然，这并不意味着必须使草编鞋或五音调成为俄罗斯文化的顶层。对正可能出现的新的俄罗斯文化的具体形式进行预言和设想是完全不可能的。但无论如何，顶层与底层之间的差异应该不属于两个不同的民族圈的差异，而是文化再创造水平上的差异和同一个文化要素细节上的差异。俄罗斯文化在完成文化大厦的意义上应该是从俄罗斯土壤之中有机地成长出来。

1921 年，索非亚

巴别塔与变乱的语言

导 语

为什么人类的语言和文化会如此多样和不同？为什么传说中的巴别塔最终却没有建成？特鲁别茨柯依从基督教和上帝的角度对此做出了回答。

《圣经》记载，人类曾经试图建造一座可以直通天堂的巴别塔，当塔建到一半的时候，人们的嘈杂声惊扰了上帝，于是上帝将人们的语言变乱。人们相互之间不能理解，巴别塔也就最终未能建成。

特鲁别茨柯依由此得出结论：变乱的语言是上帝的意图。但这些"变乱"的语言之间却绝非毫无关联，而是通过一些过渡的语言联结成为"一张如彩虹般丰富的语言之网"。这张网上的各种语言又能保持自己独一无二的特色与个性。人类的文化亦是如此。

　　特鲁别茨柯依由此更进一步地批判了西方的文化侵略，即由罗马－日耳曼文化对其他文化所产生的主导性影响，包括以这种文化为基础的基督教传教活动都是违背上帝意图的渎神行为。

　　今天，全球化或西化的进程在持续深入，在拥抱还是拒绝全球化这个问题上进行讨论显然已无多少意义，因为全球化似乎已成为不可抗拒的历史发展潮流。但我们应做的是，不断反思如何在变得越来越同质化的世界中保持自己的民族个性和文化差异性。或许，这正是特鲁别茨柯依这篇《巴别塔与变乱的语言》所具有的当代启示意义和价值所在。

　　《圣经》上除了记载人类始祖亚当和夏娃因原罪而受到的第一次惩罚，还记载了人类因集体犯罪而受到的第二次惩罚：变乱的语言。

　　所谓变乱的语言，就是要建立多种语言和文化。在《圣经》中它是上帝的惩罚和诅咒，与人类祖先亚当所应受到的"汗流满面才得糊口"的诅咒一样。而且这两种诅咒表现在自然法则之中，人类无力抗拒。人类及其周围环境的物理特性决定了人类要想获得食物，就必须付出体力劳动。民族进化的规律也同样决定了这必然导致在语言和文化方面的多样性，而且这种多样性将被保留下来。无论人类发明了多少减轻体力劳动的机器，却永远不可能完全消除体力劳动；无论人们多么努力地与存在多种民族差异的事实相对抗，却永远也不能消除这些差异。此外，体力劳动还与人类机体的正常功能密切相关，以至于如果完全不进行体力劳动，人们的健康将会受到损害，因此，即使那些不需要通过体力劳动来维持生计的人们，为保持健康也不得不通过练习体操、进行体育运动或散步等来代替体力劳动。语言与文化的差异化也同样如此，它有机地同社会机体的本质联系在一起，以至于任何试图消灭民族多样性的尝试都将导致文化的衰落与灭亡。

纯粹的劳动本身从来都不能令人愉快。令人愉快的通常是伴随着劳动而产生的感受和心情，比如，在劳动中意识到自己的力量和纯熟的技法，对劳动成果的兴趣、竞争感和对劳动后可以休息的期待，等等。这些伴随劳动产生的感觉和心情越少，劳动作为苦难的本性就表现得越明显。众所周知，在需要把劳动变为一种惩罚的地方，人们竭尽全力地去剥离一切可以美化劳动、可以向劳动者隐藏劳动本性的东西——苦役就是纯粹的劳动方式。作为特殊的恩赐，上帝会赋予个别人以超凡的力量或事业上的成功。但这些上帝的恩赐也只有在劳动者意识到它们是恩赐并为此感到高兴的时候才能美化劳动，而劳动本身仍然是劳动，也就是说它仍然是让人疲惫不堪的。

因此，劳动本身永远都是苦难，而进行体力劳动的必然性法则也将成为永恒的诅咒，成为上帝对人类罪过的惩罚。与之相反的是，民族文化的差异化和不可避免的多样性本身却与苦难没有丝毫关系。差异法则妨碍人们实现许多意图和理想，经常导致战争、民族仇视，以及一些民族压迫另一些民族的情况发生，但差异法则本身却与苦难无关。民族文化多样性法则同体力劳动必然劳累的法则之间的区别表现在：后者是人类因第一宗原罪所受到的惩罚，但前者则不同，依照《圣经》的说法，差异化法则不只是惩罚，更是上帝对巴别塔嘈杂之声的回应，是上帝为防止未来出现类似于建造巴别塔的尝试而立下的规定。

如果完全不考虑《圣经》中关于巴别塔嘈杂之声传说的历史根据，应该承认，在这个传说背后隐藏着深刻的内涵。《圣经》在这个传说中为我们描绘的人类是讲同一种语言的，也就是说，他们是在语言和文化上完全同一的。而这种统一的、人类普遍的、不带有任何个人和民族特征的文化竟然是过分片面的：与科学和技术知识增长（这是"建设"最可能的含义）相伴随的，却是精神的极度空虚和道德的堕落。文化的这些特征所产生的后果就是人类自满和骄傲的无限膨胀，而想要建造巴别塔这个荒唐又毫无意义的想法就是这种膨胀的表现。建造巴别塔是技术的奇迹，它不仅没有宗教内容，而且还是直接反宗教的、渎神的。上帝想要阻止这个想法的实现并划定人类渎神的自我炫耀的界限，因此，他要把语言变乱，也就是要确立民族分化和民族语言文化多样化的永恒法则。在这个策略中所包含的神的想法：一方面确认，在建造巴别塔中所鲜明表现出来的荒唐且自我炫耀的技术不是偶然出现的，而是同一的、没有民族区分的人类普遍的文化必然会造成的自然后果；另一方面指出，只有具有民族界限的文化才能摆脱空虚的人类的骄傲，才能把人类带到有利于上帝的道路上来。

巴别塔上的嘈杂之声和同一的人类普遍的文化之间的内在联系是很清楚的。任何一种文化都是在某种社会环境中生活过的几代人集体创造的，是历史上持续变化的结果，与此同时，每一种文化价值都试图满足某个社会群体或其组成个体特定（物质的或精神的）的需求。在那些获得承认的文化价值中，凡是突出表现创作者个性或社会－文化有机体个别成员个人需求和品位的文化痕迹，都会逐渐消失，这是一个自然发生的过程，因为个体差异两极之间的对立是不可调和的。这个自然发生的过程的结果就是在整个文化中，只有那些对生活在该社会环境中的成员而言相对中立的心理、文化类型被保留下来。在社会－文化统一体中，各个成员之间的个性差异越大，表现在文化中的中间类型就越游离、越模糊、越没有个性。假设有这样一种文化，它的创造者和表达者是整个人类，那么，很显然，这种文化应该是最模糊和最没有个性的。在这种文化中应该只表现那些为所有人共有的心理要素。每个人的品位和信念是不同的，因此，这个领域中个性差异的程度是相当大的，但对所有人而言，逻辑都是一样的，对减轻体力劳动和食物等的物质需求也大致相同。因此，很显然，在同一的人类普遍文化中，逻辑、理性主义的科学和物质技术将始终超越宗教、伦理和美学，在这种文化中，迅猛的科学技术发展必然会带来精神－道德的退化。逻辑和物质技术造就不了精神的升华，而精神的退化会将人们变得干瘪。与此同时，逻辑和物质技术不但没有让人们认知自我的真理之路变得轻松，反而使之更为艰难，还会让人们变得骄傲自大。因此，同一的人类普遍文化必然成为不信神的、渎神的和巴别塔上的一片嘈杂之声。

与之相反，在各种民族文化中，所有那些表现出隐秘的精神需求和禀赋、审美品位和道德追求的东西，换言之，所有那些表现出该民族独特的精神和道德整体面貌的东西都具有崇高的地位。民族文化的精神部分浸透着独特的民族心理，因此，它与自己的表达者隐秘而有机地贴近。相似和相通的本性在文化中表现为精神面貌和精神经验，这使该民族有机体的每个个体在进行自我认知时变得轻松。因此，也只有在民族文化中才能产生道德高尚、精神崇高的人的价值。

但在肯定民族文化积极方面的同时，我们也应该批判地对待超出一定固有界限的民族分化。特别需要强调的是，民族分化绝不等同于无政府主义消解民族－文化的诉求，这里所说的分化不是无限的细化。事实确实如此，特别是当我们在考察民族分化消极方面的时候，我们可以真切地感受到这种无限分化可能带来的不良后果。

民族文化多样性法则可以限制人。人的思维是有局限性的，这不仅是由思维本身的特性决定的，即人的思维不能超越时空和"范畴"，不能完全超越感觉经验的限制，更是因为任何人通常只能完全接受自己所属的那种文化的创造物，或者与这种文化相近的其他文化的创造物（但当文化分化变为文化细化的时候，就会产生某种特殊的力量）。正是由于存在民族文化多样性法则，不同民族之间的交流才会较为困难，而当文化之间的差异性达到一定程度的时候，这种交流甚至变得不可能。我们在看到民族文化多样性法则的这些不利后果之时，还应看到它对人类有利和积极的一面，如上所述，正是由于存在这个法则，在不同的民族中才可能产生道德高尚、精神崇高的人的文化价值。但前提是这种民族－文化的分化没有超过一定的固有界限。认识到这一点，人们就应该容忍这个法则的不利后果，并且毫无怨言地、有意识地突破自己的民族局限。

如果说人类想要减轻体力劳动或减少对劳动力的使用，在实质上不包含任何罪恶的东西，并且是完全自然的，那么，想要消灭民族文化多样性、建立同一的人类普遍的文化的追求在本质上则始终是有罪的。它将导致人类进入这样一种状态，就是《圣经》所描述的在巴别塔上的一片嘈杂之声。这种状态必然也会导致重建巴别塔的各种尝试。各种国际组织的出现并不是偶然的，其在实质上必然是无神的、反宗教的，并且充满了人类无知的高傲自大。

这就是当代欧洲文明的主要和基本罪恶。它想要在全世界消灭和根除一切民族差异，想要在世界上的所有地方建立同一的生活方式、社会－国家建构模式和相同的观念。受其影响的民族，其自身独特的民族生活与民族文化的精神基础会遭到破坏，但又没有也不可能用某些其他的精神基础来取代，因此，这些西化民族只能移植习俗的外在形式。由于这些形式只具有物质－世俗的或理性主义的基础，因此，欧洲文明才使得西化民族的心灵异常空虚，使得它们在精神创造上毫无成就，在道德上变得冷漠或野蛮。与此同时，这种文明却激发了人们对尘世中荣华富贵的无限欲望，以及那罪恶的器满意得。欧洲文明的必然后果就是引发巴别塔上新的嘈杂之声。从罗马－日耳曼文化开始试图成为人类普遍文明的那一刻起，物质技术、纯粹理性主义的科学和自私的世俗世界观就在其中获得了压倒其他一切的决定性优势，而这种文化要素之间的相互关系随着时间的流逝在不断加强。毫无疑问，日本人和德国人只能在逻辑、技术和物质利益上保持一致，而所有其他的文化要素和动因都会逐渐消亡。但并不能因此就认为，由于欧洲文明已经简单地消除了各种文化的精神基础，也就相应地消除了人们之间的隔阂，进而使人们之间的交往变得容易起来。所谓的"兄弟般的民族团结"，是以所有民族丧失自己的精神独特性为代价的，这是卑鄙的谎言。当各民族最主要的考量仍是自私的物质利益的时候，当技术本身就带有国际竞争和军国主义动机的时候，"兄弟般的民族团结"无论如何也不会实现。而超越民族的文明的观念本身就是帝国主义和世界霸主的想法。

消除文化的精神层面或使其退居到次要位置只会导致道德的退化和个人利己主义的滋生，而这不仅不能消除，反而会增加人们之间交往的困难，并且还会加深不同社会群体之间的仇恨，即使同一个民族不同社会群体之间也不例外。所有这一切都是寻求超越民族的文明和人类普遍文明的必然后果，而这些后果显然可以证明这种想法本身就是渎神和罪恶的。

民族文化和语言的多样性是分化法则的结果。这条法则最为明显地体现在语言领域。每一种语言都能区分出多种方言，同一种方言又可区分出多种口音，同一种口音又包含不同的俚语，等等，如此反复。除此之外，每一种口音除了它自己独一无二的特征，还兼具其所属方言所有口音所共有的其他特征，而且还具有把自己与相邻的某种口音联系起来的特征，以及与其他相邻口音一样的特征。在两种相邻的方言之间存在某些过渡的口音，它们包含了这两种方言的不同特征。因此，语言就是一条连绵不断的口音链条，渐变而又不易被察觉地从一种口音过渡到另一种口音。而语言与语言之间又相互组成语支，语支又可以分属不同的语族、语系等。在每一个这样的分类单位中，各种语言的情况与同一种语言中的各种口音的情况是一样的，也就是说，该语支中的每一个语言除了具有自己独一无二的特征，还具有该语支所有语言所共有的特征。它不仅具有与该语支某种语言相近的特征，还具有与该语支其他语言相近的其他特征等，因此，如同在亲属方言之间经常存在过渡的口音一样，同一个语族中的不同语支之间也存在某些过渡的语言。在语支、语言、方言和口音等概念之间不存在原则上的差异。当某种语言的所有分类单元彼此接近到它们的表达者可以不借助翻译就能够很好地相互理解的时候，这些单元就被称为口音，它们组成不同的方言，而这个分类单元整体（也就是说它们的总和）就是语言。但当持不同口音的人们不能很好地相互理解的时候，方言就应该被称为语言，它们组成语支，而语支又组成语族。因此，人们经常会争论，某种分类单位是语言还是方言，人们也会争论，某些过渡的口音究竟属于两种邻近的亲属语言中的哪一种。与此同时，仅使用语言学手段是不能很好地解决这些争论的。比如，语言学不能很好地解释那些从起源上联系在一起的各种语言单位之间的关系，也就是说，这些语言单位在历史上的某个时期曾作为该亲缘组（语系、语族和语支等）统一原始语的不同方言而存在过。

但地缘上彼此相邻的各种语言通常不是根据它们的起源来对其进行分类的。存在这样一种情况，某个地缘和文化－历史区域内的某些语言表现出一些独特的相似性特征，但这种相似性不是因为它们有共同的起源，而是由于它们在地缘上相邻并平行发展。对于这些不是根据起源原则来进行划分的语言组合，我们可以把它们称为语言联盟①。这种语言联盟不仅存在于语言之间，也存在于语族之间，也就是说，存在这样一些语族，在起源上它们彼此并无亲属关系，但在同一个地缘和文化－历史区域中传播，一系列共同特征使它们联合为语言联盟。因此，尽管现代科学否认这些语言之间存在起源上的亲属关系，乌戈尔－芬兰－撒莫耶德（或称为乌拉尔）语、突厥语、蒙古语和满洲里语却因一系列共同特征而组成乌拉尔－

---

① 欧洲语言联盟最为显著的例子是巴尔干地区的语言——保加利亚语、罗马尼亚语、阿尔巴尼亚语和希腊语等，它们属于印欧语系完全不同的语支，但它们彼此间却因一系列共同的特征和语法结构的细节重合而联合在一起。

阿尔泰语言联盟。名词区分为语法上的性 [①] 以及在变形时改变词根、增加和省略词根中的辅音（собору-собрать-собирать-собор），这些共同特征把印欧语系、闪含语系和高加索语系联合为地中海语系联盟，其中可能还包括某些地中海区域已经消亡的语言。这些从起源上来说并不是语言学意义上的语言联盟遍布全球。与此同时，经常会出现这样的情况，即同一个语族或某一种孤立语言同时属于两个语言联盟或者介于两个相邻的语言联盟之间，它们所发挥的作用就与上面在起源分类 [②] 中提到的那些过渡口音一样。因此，当我们考察过这两种可能的语言分类方式——起源（按照语族）和非起源的（按照联盟）之后就可以说，地球上的所有语言表现为某种由相互之间彼此相连的环节组成的延绵不断的网，就像彩虹一样。正是因为

---

① 所谓语法的性，如俄语中名词可以区分为三种性：阳性、阴性和中性。——译者注

② 因此，印欧语系属于地中海联盟，但它在一些方面（例如，它们都没有前缀）又同乌拉尔－阿尔泰语系相似，其中，在某些个别情况下，表现出与乌拉尔语言（乌戈尔－芬兰－撒莫耶德）惊人的相似。东西伯利亚的各种孤立语言就如同乌拉尔－阿尔泰和北美联盟之间的过渡环节。

语言的彩虹之网具有延续性及其组成环节之间过渡的渐变性，由地球上各种语言所组成的共同系统在表现其五彩缤纷的多样性的同时，实事求是地来讲，也仍然是某种可以理解的统一整体。因此，在语言领域，分化法则并没有导致无政府主义的涣散，而是形成了一个规范和谐的体系。在这个体系中，任何组成部分，即使是最微小的部分都保留着自己鲜明的、独一无二的个性，而统一的整体并没有消除微小部分的特性，而是将其形成了连绵不断的、最丰富多彩的语言之网。

文化的区分及相互关系的确立与语言的分类并不吻合。使用同一个语族，甚至同一个语支语言的人也可以被归属不同的文化类型。比如匈牙利民族。匈牙利语的近亲是乌戈尔语族中的沃古尔语和奥斯加克语（在西伯利亚的西北部），但匈牙利人的文化却与沃古尔人①－奥斯加克人②的文化没有任何关键性的共同之处。对文化进行区分并确立相互关系的基础仍

---

① 沃古尔人，曼西人的旧称，是西西伯利亚西部的民族。——译者注

② 奥斯加克人，亦称汉提人或汉特人，是西西伯利亚西部的民族。——译者注

是确立语言间相互关系的那些原则，但两者之间的区别在于，文化按照联盟分类要远比其按照语族分类重要得多。相邻民族之间的文化总是表现出一系列彼此相似的特征。正因为如此，在这些文化中才形成了已知的那些文化－历史区域，例如在亚洲就出现了穆斯林文化圈、印度文化圈、中国文化圈、太平洋文化圈、草原文化圈和北极文化圈等。所有这些文化圈之间的界限相互重叠，这样就形成了混合或过渡类型的文化。个别民族或部分民族把自己独特的个性特点带入其中，使这种文化类型特殊化。由此就形成了那张五彩斑斓的大网，因其自身的连续性及其自身分类中表现出来的无限多样性而成为一个统一而和谐的整体。

这就是分化法则作用的结果。在看似混乱的五彩缤纷的民族文化中，各个民族文化在保留自己独一无二的个性特点的同时，与其他民族文化一起组成某种连续的、和谐的统一整体。如果剔除这些个性特征，我们将无法对其进行综合，因为正是在这些具有鲜明个性的文化－历史单元的共存中包含着统一整体的基础。正像所有自然的、天然的、由上帝确立的生命和发展法则所决定的东西一样，这个图景具有其自身不可理解和深不可测的复杂性及巧妙的和谐。所有企图以人类之手去破坏它，企图用人为地统一在一起的、没有个性特征的人类普遍的文化来取代由活生生的、具有鲜明个性的文化组成的自然和有机的整体的尝试（这种尝试不为展示个性留有余地，并将其穷尽于自身的抽象化之中）显然都是非自然的、与上帝为敌的和渎神的。

基督教在整个人类中所具有的重要性这一事实本身似乎也在否定这种企图使用文化来统一人类并建立统一的人类普遍的文化的尝试，并把这种尝试视为与上帝为敌。

对于那些仅把基督教视为地球上众多宗教中的一种并且认为其只是在特定历史－文化条件下的一个产物的人来说，这当然完全不是问题。在这种观点之下，基督教作为特定文化的产物就与特定文化的其他产物相提并论了，其也是人类多种文化表现共同框架中的一个要素。在这种情况下，基督教绝不具有任何人类普遍的重要性。

但对于那些承认耶稣为上帝之子并把基督教视为

唯一真理宗教的人来说，耶稣的话，"所以，你们要去使万民做我的门徒，奉父子圣灵的名，给他们施洗"（《马太福音》，第二十八章，第十九节），似乎就与这种观点相悖，也就是说，实现人类文化的联合是与上帝为敌的事情。但事实上，这种矛盾是虚假的。因为当我们承认基督教是绝对真理，这种真理是以上帝的启示为基础，并通过上帝直接干预历史过程告诉人们的时候，我们就已经否定了把基督教视为特定文化的产物和要素的观点。与之相反，犹太教与特定的种族相关，伊斯兰教与特定的文化相关，佛教在本质上仇视一切文化分享，只有基督教超越了种族和文化，但又没有消除多样性，也没有消除种族和文化的个性。接受基督教就意味着拒绝一系列民族多神教文化的要素并要对其进行改革。这种改革的具体形式可以是多种多样的。究竟采取哪种改革形式，将取决于基督教落地的那个文化－历史单位的土壤，因此，在这方面要求统一不仅是不必要的，也是不可能的。基督教就是可以放在完全不同的各类面团中的"酵母"，而"发酵"的结果也将因面团成分的不同而完全不同。因此，我们上面提到的那张如彩虹般丰富的、由那些具有独一无二个性的民族文化组成的大网，即使在世界上的所有民族都接受了基督教的情况下，这张"大网"的结构也不会改变。

基督教既不要求消灭民族文化之间的差异，也不要求建立同一的人类普遍的文化。基督教作为上帝的安排是不变的。在历史进程中，基督教教义不会改变，而只会展开。文化从实质上来讲只是经人类之手的作品。它理应按照历史变化和演进的法则，并首先是按照分化的法则来变化。统一的基督教文化是自相矛盾的术语。基督教文化不仅是存在的，而且是多样性的。每一个接受了基督教的民族都应该这样来改变自己的文化，使民族文化的要素不与基督教相冲突，这样的民族文化不仅闪烁着民族精神，也会闪烁着基督教精神。因此，基督教不仅不会窒息独特的民族文化创造，反而会促进这种创造，为其提出新的要求。所有的基督教民族都应该使民族文化与基督教教义、民族道德和真正的基督教教规相一致，也应该按照是否可以激起本民族信徒的基督教情感为标准来修建教堂、确立祈祷仪式的形式和选择圣器。每个民族不仅可以，而且应该按照自己的方式来解决这些问题，因为只有这样，基督教才能被有机地接受，并紧密地与该民族的心理相结合。

当然，这并不是要否定一种基督教文化会对另一种基督教文化产生影响。这种影响在非基督教文化之间也是存在的。这些影响与文化发展的实质相关，而且在这种发展的自然进程中，这些影响不会导致民族差异的消解。但重要的是，不应使一种文化对另一种文化的影响成为主导的，而应对引入的文化进行有机再创造，将本土的文化要素与外来的文化要素相结合，建立一种新的统一整体，并使之与该民族的民族心理完全契合。基督教会是统一的。它的统一为各个地方教会进行自由交流提供了可能。这种交流在没有统一文化的情况下也是可以进行的。教会的统一表现在共同的《圣经》、共同的圣传、共同的教条及共同的教规上，但表现这些教条、教规、圣传和《圣经》的具体的习俗、艺术和法律形式却可以是不同的，是与每个民族的生活相适应的。任何想要破坏这些形式并要消除民族（这些民族归属同一个教会，却不属于同一种文化）间差异的尝试都是以迷信和恪守陈规为基础的，通常不会获得好的结果。我们俄罗斯人曾深受其害，在牧首尼康的改革中曾进行过类似的尝试，这不仅导致了教会的分裂，而且削弱了俄罗斯民族文化有机体的抵抗力，最终酿成了彼得大帝时期的混乱局面。

因此，对于基督徒而言，基督教并非同某种特定的文化相关。它并不是特定文化的要素，而是被注入完全不同的各种文化中的酵素。阿比西尼亚[①]的文化与中世纪欧洲的文化毫无相似之处，虽然两者都是基督教文化。

如果考察基督教的传播史就会发现，正是在那些把基督教作为"酵母"，而不是作为某个既有异族文化的要素来接受的地方，基督教才能获得成功的传播。只有在那些基督教虽然改造了当地的民族文化却又没有消除其独特性的地方，基督教才会被有机地、富有成效地接受，并逐渐传播开来。相反，如果错误地把基督教等同于某种对该民族而言特定的异族文化，就会构成在基督教传播过程中始终存在的强大阻力。

如果某个民族没有皈依基督教，在很多情况下会有自己深刻的也许是神秘主义－预见性的原因，但

---

① 阿比西尼亚是埃塞俄比亚的旧称。——译者注

在绝大多数情况下，都在于传教士没有按照基督教本来的样子对其进行传播，而是把它作为某种特定的基督教文化来传播。东正教的传教士也犯下了这宗罪：传教士在俄国境内经常充当俄罗斯化的工具，而在俄国境外则充当扩大俄国政治影响力的工具，这早已是尽人皆知的秘密。这种情况在非东正教传教士——天主教的、新教的和英国圣公会的传教士中更甚。罗马－日耳曼传教士首先就把自己视为文化的征服者。他们的整个传教活动都与扩大"势力范围"有关，与殖民化、西化有关，与租界、商站①、种植园等活动有关。传教士不是上帝的使者和上帝启示真理的宣传者，而是殖民政策的代理人或某个强国的"利益"代表。传教士宣传的不是基督教，而是天主教、新教和英国圣公会的宗教。这些是偏离了基督教实质的教派，这些教派以罗马－日耳曼文化为条件，并与之紧密相连，因此，传教士实际上传播的就是这种文化本身。他们传教的成功与否当然取决于被传教民族"被欧洲文明同化"的能力高低。但因为在这种文明中基督教早已

---

① 欧洲殖民者在殖民地设立的贸易中转地。——译者注

退居次要地位，并早已被各种混乱的流派所淹没，所以，新皈依的"土著人"是为了接受欧洲文明才接受基督教的，并把基督教视为这个文明的一个要素，但绝不是最重要的要素，因此，他们都成了非常不好的、在任何情况下都缺乏创造性成就的基督徒。传教士使用这种方法进行传教，皈依的不是那些能够有机地运用基督教精神对自己的民族文化进行再创造的民族整体，而是个别群体，他们用皈依这个事实本身与自己的民族文化隔断了联系，而成为引入外国列强经济和政治思想的代理人和合伙人。

倘若如此，实质上并没有完成耶稣"你们要去使万民做我的门徒，奉父子圣灵的名，给他们施洗"的圣训。这在很大程度上是由于传教士成了推行西化的工具，传教成了建立同一的人类普遍文化的手段，如上文所述，这种做法在实质上是与上帝为敌的。

以基督教传教必须要消除民族差异为借口并不能为此开罪，因为恰好相反，这种传教士是毫无结果和鲜有成功的，这种传教活动自身是与取消差异的文化侵略联系在一起的。这在实质上又是与基督教精神相悖的。

译 后 记

　　这部译著的翻译前后经历了近两年的时间。几乎每个用词都要进行反复推敲；几乎每个段落乃至每个句子都要进行不断打磨。这部分是由于原著本身的语法繁复，用语冷僻；部分是由于自己的俄语掌握尚不熟练，更多的是出于对待学术的一种热忱与执着。

　　俄罗斯于我既是熟悉的，也是陌生的。我曾在2001—2003年留学于此，结识了俄罗斯朋友，走进了俄罗斯剧院和博物馆，也开启了认知俄罗斯文化的感性之旅。

　　我着迷于俄罗斯文学的深沉、晦涩而又绮丽、优雅；沉醉于俄罗斯艺术的盛大、多姿而有时又落寞、孤冷。俄罗斯也让我迷惑，迷惑于它的善变，它的多面，它的独特，它的陌生。

　　因此，当我有幸进入中国社会科学院哲学研究所的殿堂时，我清楚地意识到解开困扰我多年的"俄罗斯之谜"的机会终于到来了。

　　我需要探索一条由感性认识到理性认识的途径。

　　这本译著正是通向这种探索的必经之路。我清楚地意识到，真正的学术探讨和研究要尽量使用一手材料和数据。翻译是研究的基础，但翻译又绝不仅是研究的侍女。它有自己的魅力。语言本身即体现为文化。

　　因此，这本译著是出于实际需要但又超越实际需要的。

　　在翻译的过程中，我对欧亚主义思想及其所代表的俄罗斯民族的"自主性意识"有了更为深入的了解和认识，更加相信这本译著的出版会在一定程度上促进国内俄罗斯问题的研究。

　　在此，我要感谢那些曾经在我被困于"俄罗斯之谜"时帮助过我、鼓励过我的前辈、同事、朋友和家人，特别需要感谢西苑出版社赵晖等编辑，如果没有该社的支持，这本译著将无法与各位读者见面。

2023 年 6 月于北京